我的奋斗

富兰克林自传

[美] 富兰克林 著
屈帮亚 译

部编教材 名家自传 必读

江苏凤凰文艺出版社
JIANGSU PHOENIX LITERATURE AND
ART PUBLISHING, LTD

图书在版编目（CIP）数据

我的奋斗：富兰克林自传 /（美）富兰克林
（Benjamin Franklin）著；屈帮亚译. — 南京：江苏
凤凰文艺出版社，2019.1
（部编教材名家自传必读）
ISBN 978-7-5594-2851-6

Ⅰ.①我… Ⅱ.①富… ②屈… Ⅲ.①富兰克林
（Franklin, Banjamin 1706-1790）－自传 Ⅳ.①K837.127=4

中国版本图书馆 CIP 数据核字(2018)第 202743 号

书　　名	我的奋斗：富兰克林自传
著　　者	（美）富兰克林
译　　者	屈帮亚
责任编辑	王　青　唐　靖
出版发行	江苏凤凰文艺出版社
出版社地址	南京市中央路 165 号，邮编：210009
出版社网址	http://www.jswenyi.com
印　　刷	南京台城印务有限责任公司
开　　本	880×1230 毫米　1/32
印　　张	7.5
字　　数	120 千字
版　　次	2019 年 1 月第 1 版　2019 年 1 月第 1 次印刷
标准书号	ISBN 978-7-5594-2851-6
定　　价	25.00 元

（江苏文艺版图书凡印刷、装订错误可随时向承印厂调换）

目录 | CONTENTS

第一部分 …………………………………… 1
第二部分 …………………………………… 105
第三部分 …………………………………… 127
第四部分 …………………………………… 230

第一部分[1]

1771年,写于特怀福德镇圣阿萨夫教区乔纳森·希普利主教的乡村府邸。

亲爱的儿子:

我向来乐于收集祖先们的大小轶事。你或许还记得咱们在英格兰时,我曾专门拜访亲戚,询问咱们家族的事迹吧。我猜想,你或许也想了解我的人生经历,因为

---

[1] 本杰明·富兰克林(Benjamin Franklin)(1706—1790),美国伟大的科学家、发明家、政治家、外交家、哲学家、文学家、航海家和美国独立战争的伟大领袖。自传总共分为四个部分。第一部分写于1771年,为富兰克林写给儿子威廉的书信;第二部分写于1784年;第三部分写于1788年至1789年5月底之间;第四部分写于1789年至1790年4月17日富兰克林去世之间。——译者注

到目前为止，你对此还不是特别了解。我这周将在乡下度过，享受无人打扰的闲暇时光，为你写下我的人生经历。当然，除了你，还有其他原因促使我这么做。我出身卑微，幼时家境贫寒，如今生活富足，还享有一些名声。我在人生之路上如此幸福地走了一程，依靠自己的力量以及上帝的眷顾，取得了成功。子孙们或许想要了解我的成功经验，从中寻找一些适合自己的方法然后加以仿效。

　　我回首往昔时经常觉得，我的人生一直都很幸福，如果拥有机会，我愿意重走人生之路。作家们在作品再版时能够修改头版的错误，我也希望重走人生之路时能够更正自己所犯的错误。除此之外，最好还能将那些凶险不幸的遭遇变得顺利幸福一些。但是，即使无法重新书写人生，我也依然愿意重走人生之路。不过这毕竟无法实现，最贴切的做法莫过于将我所经历的一切变成文字，尽可能长久地保存下来。

　　如此，我也能像其他老人那样，谈谈自己，谈谈过去的经历，这样既能让自己开心，也不会烦扰任何人。有些人或许出于对老人的尊重，才觉得应该听听我的经历，但是我若写出来，他人看或不看，那就悉听尊便了。最后，我索性还是承认写自传还能满足我的虚荣心。我若是否认这点，估计也无人会信。大部分人不管自己多么虚荣，都不喜欢听到别人自吹自擂。不过我向来公正地看待虚荣心，虚荣心往往能为当事人及其周围的人带来益处。若是有人把虚荣看作生命里的一件乐事，并为此感谢上帝，我也并不觉得荒谬。

我无比谦卑地感谢上帝让我过得如此幸福，感谢上帝引导我选择这样的人生，并且取得了成功。尽管我不确定将来上帝是否仍会继续眷顾我，让我继续享受幸福；也不确定若是我像其他人一样遭遇重挫，上帝是否会助我渡过难关，但是，我希望答案是肯定的，希望上帝继续眷顾我。上帝知晓我们未来的命运，也只有他才有权利赐福我们。他甚至会以让我们承受挫折的方式赐福我们。

我的一位叔叔也像我一样，对收集家族轶事兴趣盎然。有一次他给我看了一些笔记，我从中了解到我们祖先的一些事情。我们家族曾在北安普敦郡的埃克顿村居住了至少三百年，拥有约三十英亩土地的永久权。叔叔也不清楚家族始于何时，或许始于大不列颠人开始采用姓氏之时吧，那时家族里的人选择了富兰克林作为自己的姓氏。我们的家族还经营打铁生意，直至叔叔这一代依然打铁。按照家族传统，长子总是以打铁为生。叔叔和父亲也是如此，将打铁的行当传给了他们的长子。叔叔的笔记记录了1555年以来居住在埃克顿村的家族成员的生卒年月及婚姻大事，但是没有记录1555年以前居住在埃克顿村的人们的信息。按照笔记上的记录，我是幼子的幼子，父亲也是幼子的幼子……往上追溯五代均是如此。我祖父托马斯生于1598年，他一直住在埃克顿村，后来年事渐高无法继续做生意了，就去了牛津郡班伯里市与儿子约翰同住。约翰叔叔是染色工，父亲曾跟着他当学徒。后来祖父远去天国，安葬在了牛津郡班伯里市，我们曾在1758年去墓地看望过祖父。祖父的大儿子住在埃克顿，他将房子和土地留给了他的独生女。大伯父的女儿嫁给了韦灵伯勒费的希尔先生，夫妇俩将埃克顿的家产卖给了伊斯德先生，伊斯德先生现在仍是那里的农场主。祖父抚育了四个儿子：托马斯、约翰、本杰明和约西亚。我所收集的资料现在不在身边，不过我会尽可能详尽地介绍他们兄弟几个的情况。如果我不在的这段时间里这些资料没有丢失的话，你就能从中了解到更多详情。

托马斯跟着祖父学会了打铁。他天资聪颖，受到了当地绅士帕默先生的青睐。托马斯勤于学习，后来从事公证工作，成为北安普敦郡的显要人物。他促进了当地公益事业的发展，推动了许多公益项目的进程。托马斯还受到哈利法克斯勋爵的赏识，获得了勋爵的援助。旧历1702年1月6日，托马斯去世。他去世四年后，我降生了。

我记得我们到达埃克顿后，听到老人们谈起托马斯的生平事迹、个性为人时，你非常惊讶，因为你发现，他与我极其相似。

你曾说："如果你在他去世那天降生，人们还以为是他转世呢。"

约翰是名染色工，染的似乎是毛织品。本杰明叔叔在伦敦当染色工学徒，染丝织物。本杰明叔叔天资聪颖，直至现在我仍然记得他。我还是个孩子时，他曾专程来波士顿投奔父亲，和我们一起生活了几年。本杰明叔叔活了很大年纪，他的孙子塞缪尔·富兰克林现在住在波士顿。本杰明叔叔去世后留下了两卷四开本诗集，里面刊登了一些赠给亲友的即兴之作，其中还包括一首他赠给我的诗。他还创造了一种独特的速记法，曾经教授于我，但我从来不曾练习，现在已经淡忘了。父亲与叔叔感情甚密，我的名字就是照着本杰明叔叔的名字取来的。叔叔非常虔诚，经常去聆听那些优秀牧师布道，并且用速写笔记下来，都记下了好多卷笔记。从某种程度上来说，他还热衷于政治，或许，这主要是为了巩固自己的地位。我后来在伦敦发现了他收集的一些小册子。这些小册子介绍的都是1641年至1717年间发生的重要的政治事件。根据小册子的编号可知，叔叔收集的小册子遗失了一部分，幸运的是，我依然找到了八卷对开本和二十四卷四开本及八开本。我有时会去一个旧书店买书，这样就认识了那里的老板。他恰巧看到了这些小册子，就带给了我。可能是叔叔去美国时，把它们留在了这里。不过，那已经是大约五十年前的事了。叔叔还在小册子的空白处做了许多笔记。

我们家族很早就参与了宗教改革运动，在玛丽女王执政时期一直信奉新教。由于家族里的人积极反对罗马天主教，所以时常冒着受到宗教迫害的风险。家族里的人曾经得到了一本英文圣经。他们为了藏匿、保全这本圣经，就用布条将翻开的圣经绑在折椅底部。我曾祖父的曾祖父向家人宣读圣经时，便将折椅翻过来放在膝盖上，在布条下面翻书页。一个孩子站在门口放风，若是看到教会法庭的执行官来了就立马报信，其他人便立即将折椅翻回去，恢复原状，放在地上。这件事是我从本杰明叔叔那里听来的。以前，我们家族的所有人都信仰英国国教。临近查尔斯第二任末期的时候，一些英国部长不再信奉国教了,在他们北安普敦郡举行非国教教派的秘密集会,后来遭到了驱逐。本杰明和约西亚矢志不渝地追随了这些人,终生不再信奉国教。不过,家里的其他成员依然信奉国教。

我父亲约西亚很年轻时就成家了。大约1682年,他带着妻子和三个孩子来到了新英格兰。由于法律禁止举行非国教教派集会,信奉国教的人士经常干扰非国教教派集会,所以父亲的许多朋友都移居到了美洲,父亲也跟随这股潮流迁移到了美洲,大家都希望在美洲能获得宗教自由。后来,父亲与妻子又生了四个孩子,之后,父亲与第二任妻子结婚了,他们又生了十个孩子。如此一来,父亲总共有十七个孩子。我记得曾经有一次,其中的十三个孩子一度同时围坐在桌旁。这些孩子都已长大成人,步入了婚姻殿堂。我生于新英格兰的波士顿,是父亲最小的儿子,我下面还有两个妹妹。我母亲艾比亚·富尔家是父亲的第二任妻子。我的外祖父彼得·富尔家是第一批来新英格兰的移民。如果我没记错的话,科顿·马瑟曾在《美国基督史》这本书中赞美过外祖父,说他是"一位博学虔诚的英国人"。我听说外祖父写过各种即兴诗歌,不过他仅仅发表了一首,我在多年之后的今天依然看到了这首诗。1675年,外祖父给政府有关人士写下了这首诗，诗歌遵循当时人们推崇的风格。这首诗歌颂宗教自由，为浸礼会信徒、贵格会信徒以及其他遭受迫害的宗派成员争取权益。诗歌将印度战争以及这个国家的其他不幸归咎于宗教迫害，认为上帝是在以这些不幸来惩罚万恶的宗教迫害者，劝诫政府废除那些无情的法律。我们从这首诗中，可以领略到外祖父正直的作风，感受到他的男子汉气概，体会到他对自由的追求。尽管我已经忘了这首诗歌最后一节的头两行了，但我还记得最后六行。这几句诗大意是说，他进行批评完全是出于好意，并不惧怕留下自己的姓名。诗句如下：

> 我发自心底，
> 憎恶诽谤者；
> 我毫无恶意，
> 故敢于留名。
> 我来自舍伯恩，
> 您真正的朋友
> ——彼得·富尔家。

家里把我的哥哥们都送进了不同行业当学徒。我八岁时，爸爸把我送进了文法学校，想让我进教会服务。我很早就学会了阅读，因此父亲的朋友们认定我能成为优秀的知识分子。这一切都激励了父亲，父亲希望我将来能够供职教会。本杰明叔叔也支持这一做法，他还提议将他速记的所有布道笔记赠给我。从他的性格来看，估计他是想把这些笔记作为我的起步材料。那时候我已经从班里的中等生进步到了前几名，为了能够在年末升到三年级，我还跳了一级。可是尽管如此，我在这所学校还是只待了不到一年的时间。父亲考虑到自己要养活一大家子人，将来无法负担我上大学的费用，而且许多受过教育的人后来的生活还是很窘迫，就让我从文法学校退学了。我从父亲与朋友的交谈中得知了这些缘由。父亲后来把我送进了一所专教写作和算术的学校，这所学校注重激励学生。学校的管理者乔治·布朗先生颇有建树，在当地很有名望。在布朗先生的指导下，我很快就学会了写作，不过仍然不会算术。我十岁时被父亲带回了家，此后，我不再上学，帮父亲料理制造蜡烛和肥皂的生意。父亲先前并没学过这门营生，来到新英格兰后，他发现染色行业需求不大，自己无法养家糊口，就开始做起了现在这门生意。于是，我就帮着做些剪灯芯、灌烛模、看店、跑腿的活儿。

我不喜欢这个行业，极其向往航海，但是父亲却反对我到海上去。不过，我就住在水边，经常在岸边或是水里玩耍，很早就学会了游泳，还学会了驾船。我与其他男孩一起在船上或独木舟上玩耍时，大家通常都让我指挥，尤其是遇到困难的时候。我在其他场合也常是孩子头，有时还带着他们惹麻烦。我举个例子来说明一下吧，尽管这事我做得不妥，不过还是表明了我小时候就具有公德心。

小时候我家附近有个水车贮水池。贮水池紧挨着一块盐沼地。水位高时，我们常常站在盐沼地上钓鲦鱼。我们踩得时间长了，盐沼地就变成了一块泥潭。为了方便落脚，我提议筑一个平台。我告诉大伙儿盐沼地附近有一大堆石头。那堆石头虽然是别人用来建造新房子的，却也非常适合我们筑平台。

等到晚上所有工人都离开后，我便带着伙伴们像勤奋的小蚂蚁一样开始搬运这堆石头。有的时候，两三个人才搬得动一块。我们把所有的石头都搬走了，建起了我们的小平台。第二天早上，工人们发现石头不见了，非常吃惊，后来在我们的小平台处找到了那些石头。他们弄清楚了缘由，发现是我们干的，便向家长们告了状。我们中好几个人都被自己的父亲修理了。尽管我跟父亲说我们这么做非常实用，但是父亲还是让我懂得了任何违背诚实的事情均无益处。

我猜想你或许想要了解你的祖父。他中等个头，身材匀称，体格健壮；他非常聪明，画得一手好画，还会一点音乐，声音十分清脆动听。有时候，他忙完一天的事情后，会在晚上一边唱圣歌，一边拉小提琴，十分好听。他在机械方面也颇有天赋，间或拿起其他手艺人的工具，很快就能运用自如。不过要说起你祖父最了不起的一点，还是他能够参透公私事务，并且做出可靠的判断。事实上，由于要养活一大家子人，他将大多数精力都放在了生意上，从未接受公职。但是我清楚地记得大人物们经常拜访他，询问他对教区或城镇事务的看法，十分尊重他的判断和建议。人们生活中遇到难题也常向他咨询，还经常请他担任争议双方的公断人。

只要有机会，他就会邀请通情达理的邻居或朋友一起进餐，在餐桌上交谈。他总是有意讨论一些独特或是实用的话题，这或许是为了使孩子们更明事理吧。你祖父通过这种方式，将我们的注意力引向生活中善良、正直、审慎的事情上。我们几乎注意不到桌上的食物，全然忽视了这些食物看起来如何、是否符合时令、味道好坏、与其他食物相比怎么样等等。因此，在成长过程中,我毫不关注这些事情,毫不在意摆在我面前的是何种食物。如今若是有人问我几小时前吃过什么,我很少能回答得上来。这在旅行时也有好处,旅伴们关注食物,有着微妙的口味和偏好,时常因为对食物不满而不开心,我却没有这些烦恼。

我母亲的身体也非常棒,她养育了十个孩子。我从未见父亲或是母亲生过病。父亲八十九岁时去世,母亲八十五岁去世。他们去世后合葬在波士顿,几年后我在他们墓前立了一块大理石墓碑,上面铭刻着以下碑文:

约西亚·富兰克林
与妻子艾比亚
长眠于此。
两人相亲相爱,共同生活
五十五年。
虽然既无地产,又无丰薪厚酬,
但是靠着辛勤劳作,
以及上帝的庇佑,
维持着一个大家庭安然度日,
养育了十三个儿女,
七个孙子孙女,

受人尊敬。
观者应从中受到激励，
勤勉人生，笃信上帝。
约西亚虔诚审慎，
艾比亚谨慎高尚。
您们的幼子，立此碑文，永志纪念。
先考约西亚·富兰克林，
生于1655年，卒于1744年，享年八十九岁。
先妣艾比亚·富兰克林，
生于1667年，卒于1752年，享年八十五岁。

  闲谈之间偏离了话题，看来我的确老了。我过去写文章，比现在条理清晰多了。不过参加舞会需要盛装出席，私人聚会则不必如此，我或许只是一时疏忽罢了。

  言归正传。我给父亲料理了两年生意，直至十二岁。我哥哥约翰本来也从事这个行当，但此时他已成婚，于是就离开了父亲，在罗德岛州自立门户。各种迹象均表明，我注定要接替父亲的位置，成为一个蜡烛肥皂商，但是我仍然不喜欢这一行。父亲担心若不为我谋个更喜欢的职业，我也会像他的另一个儿子约西亚一样离家出走，跑到海上去，惹他恼怒。他时常带我出去看木匠、砖匠、车床工和铜匠干活儿，希望能够发现我的兴趣，竭力让我在某个陆上行当中安顿下来。从那时起，我就喜欢观察工人们使用各种工具的情景，并且从中获得了诸多收获。找不到工人时，我自己也能为家里干点小活儿。若是脑海中闪现一些独特新奇、让人激动的想法，我还能做个实验，制造个小机械。我父亲最终决定让我从事刀剪行业。我叔叔本杰明的儿子塞缪尔在伦敦学会了这门手艺，那时正要在波士顿开店。父亲就把我送去跟他当学徒，但是他想收我学费，父亲很不高兴，又把我带回了家。

  我孩提时代就喜欢阅读，把所有零花钱都花在了买书上。我十分喜欢约翰·班扬的《天路历程》，很早就收集了他的作品，即一些单独发行的小册子。我后来卖了这些小册子，买了波顿的《历史文集》。这些书都是从小贩手中买来的，开本很小，非常便宜，总共有四五十册。父亲的小图书馆里收藏的主要是神学辩论书籍，我读了其中的大部分，可是我显然不会成为牧师。我当时那么渴求知识，却读不到更多合适的书籍。我现在仍然为此感到遗憾。小图书馆里有一本《希腊罗马名人传》，我读了几遍，收获颇丰。我还在那里读了笛福的《计划论》和马瑟牧师的《为善散文集》。这些书改变了我的思想，影响了我在一些人生大事上的抉择。

　　由于我喜欢读书，父亲最终决定让我学习印刷，尽管他的另一个儿子詹姆斯已经从事了这个职业。1717年，我哥哥詹姆斯从伦敦回来，带回了一台印刷机和一副铅字，准备在波士顿开业。与父亲的生意相比，我更喜欢印刷。不过尽管如此，我仍然向往航海。为了防止我对航海的向往带来什么忧心的后果，父亲迫不及待地把我送到了哥哥那里。我反抗了一段时间，最后还是被说服了，签下了契约，那时我只有十二岁。我要在那里当学徒，直至二十一岁，只有最后一年才能领到熟练工人的薪酬。我很快就掌握了这项本领，成为哥哥的得力助手。现在，我能接触到一些更好的书籍。我认识了书商的学徒们，有时能借到小开本的书。我看书时小心翼翼，尽量保持书面整洁，快速看完后就立刻还回去。我晚间把书借来，第二天清早就要归还，以防人们发现书不见了或是需要这本书。为此，我常常坐在房里，熬夜阅读。

　　一段时间后，马修·亚当斯先生注意到了我。他是个不错的商人，常来我们印刷所。他家的图书馆里有大量藏书，他请我参观，还很慷慨地允许我挑选借阅。我此时迷上了诗歌，还写过几首小诗。我哥哥想这兴许能派上用场，于是就鼓励我即兴创作叙事歌谣。其中一首叙事歌谣题为《灯塔悲剧》，讲述了华斯雷克船长和他的两个女儿淹死的故事，还有一首关于水手的诗歌，讲述抓获海盗里奇（又名"黑胡子"）的故事。这些歌谣追随了当时潦倒文人们的文风，质量不怎么样。歌谣印刷出来后，哥哥让我拿到街上去叫卖。第一首歌谣叙述的事情新近才发生，因而卖得很好。我写的歌谣轰动一时，我颇为得意。但是父亲却给我泼凉水，嘲弄我的诗作，还说作诗的人通常都沦落成了乞丐。我后来没有成为诗人，就算真做了诗人，恐怕也是个差劲的诗人。我终生受益于散文写作。散文写作是我取得进步的主要途径。我将告诉你，我在当时的情境下是如何掌握散文写作的些许技巧的。

镇里还有个人酷爱读书，名叫约翰·科林斯，我们关系很密切。有时我们意见相左，便喜欢相互辩论，试图驳倒对方。顺便提一句，喜欢辩论很容易变成一种陋习。喜欢辩论的人必然会在现实中驳斥他人，难以与人和睦相处，不仅破坏交谈，还会让人心生厌恶，使自己在本可获得友谊的场合遭遇敌意。我阅读父亲的宗教辩论书籍时染上了这个陋习。我后来发现，除了律师、大学生或是在爱丁堡大学受过教育的各种人士以外，明白事理的人大都不喜欢辩论。

有一次，我和柯林斯不知怎么展开了一场辩论，辩论女性是否应该接受教育以及她们学习能力的问题。他认为女性不宜接受教育，觉得她们天生就无法胜任学习这项任务。我的观点却恰恰相反，这在某种程度上或许也是为了争辩的缘故。他向来比我善辩，出口成章。有时候我觉得我之所以败下阵来，并非是因为他论证有力，而是因为他口齿伶俐。这一次，我们直到分开也没辩出结果。接下来的一段时间我们见不着面，于是我就坐了下来，写下论据，又仔细誊写，寄给了他。他回信反驳，我又辩驳回去，就这样来来去去两人各寄了三四封信。父亲碰巧看到了我的信，就读了起来。父亲没有探讨我们辩论的内容，而是借机谈起了我的写作。父亲发现虽然我得益于印刷工作，在拼写和标点方面强于对方，但是在表达措辞、写作方法以及简明度方面远不如对方，为此，父亲还举了几个例子加以佐证。我觉得父亲的评价非常中肯，从此更加注重写作方法，下定决心努力提高。

大约就是在这时候，我偶然看到了一本《旁观者》。这是第三期，我此前从未见过任何一期。我买了下来，反复读了好几遍，非常喜欢。我觉得这些文章写得相当好，如果可能的话，希望加以模仿。于是，我就挑了几篇文章，归纳出每句话的主旨，搁置几天之后，不看原文，按照每句话的主旨，使用自己能够想出的措辞，重新组织句子，争取写得与原文一样饱满，最终写就整篇文章。然后，我将自己的文章与原文进行对比，找出错误，进行更正。我发现自己词语匮乏，需要用词时经常找不到合适的表达。我想，若是我坚持写诗的话，此时应该已经有了足够的词语储备。写诗时即使只是表达同样的含义，但为了配合诗歌的格律，也需要使用长度不等的单词。同样，为了配合诗歌的韵律，还需要使用发音不同的单词。如此一来，我就需要不断积累同义词汇，牢牢记住各种单词，最终做到各种单词信手拈来。于是，我选了一些故事改编成诗歌。一段时间后，我都快要忘记散文了，又重新将这些诗歌还原。有时候，我故意打乱所归纳的句子主旨的次序，几周后再努力进一步归纳，整理出最佳排序，然后才开始组织完整的句子，写成整篇文章。我之所以这么做，是为了培养自己的条理性。我将自己的文章与原文进行对比，找出错误，一一更正。有时候，我高兴地发现在某些不太重要的细节上，自己甚至有幸改进了原文的条理或是语言。这使得我以为自己将来或许能成为一个不错的英语作家，当时我对此寄予了厚望。我只有在晚上下班之后、第二天早上上班之前，才有时间做这些练习或是阅读书籍，要么，就在星期天。一到星期天，我就想方设法尽可能不和大伙一起去做礼拜，而是独自呆在印刷厂里。父亲管教我时，总是要求我星期天必须去做礼拜。事实上，我当时也觉得这是应该履行的职责，只是我实在没有时间，无法履行。

我十六岁时偶然读到泰伦先生写的一本书，书里倡导人们吃素食，我决定响应书里的号召。我哥哥那时还没成婚，也不做饭，他和徒弟们都在另外一户人家里搭伙。我拒绝吃荤，给大家带来了不少麻烦，常受责备。于是，我学习了泰伦先生介绍的一些烹饪方法，如煮土豆、做米饭、做速煮布丁等等。然后，我就向哥哥提议，若是他愿意每周把为我付的伙食费半数给我，我就自己解决吃饭问题，他立即同意了。我很快就发现我能把他给我的钱省下一半，这笔钱可以用来买书。这么做还有另外一个好处：哥哥和其他人都去吃饭了，我独自一人留在了印刷厂。我草草地吃完饭，通常是一块面包、一把葡萄干或是从糕饼店里买来的一个水果馅饼和一杯水。我可以在余下的时间里学习，直到他们回来。饮食节制常能使人头脑清醒、思维敏捷，也使我取得了更大的进步。

我上学时两次都没学会算术，又曾在某个场合因为不懂算术而颇为尴尬。于是，我找来了科克的《算术》，很轻松地从头到尾自学了一遍。我还读了塞勒和雪米关于航海的书籍，了解了其中涉及到的少量的几何学知识。不过我从未深入研究这门科学。大约也是在这时候，我读了洛克的《论人类悟性》以及皇家港的先生们所著的《思维的艺术》。

我努力提高自己的语言水平，当时，我看过一本英语语法书，书的作者大概是格林伍德吧。这本书的末尾简要介绍了修辞学和逻辑学。作者在介绍逻辑学临近结尾时，举了一个用苏格拉底问答法辩论的例子。不久，我又读到了色诺芬写的《回忆苏格拉底》，书中列举了许多运用这种问答法的例子。我迷上了苏格拉底问答法，并开始加以运用。我不再像以往那样生硬地反驳、进行正面论证了，而是貌似谦逊地进行询问和质疑。我就是在那时读了沙夫茨伯里和柯林斯的文章，对许多宗教教义产生了怀疑，成为一个真正的怀疑论者。我发现苏格拉底问答法既可以让自己毫无破绽，又能令对手陷入尴尬的境地。因此，我很乐意运用这种方法。我不断练习，愈发擅长巧妙、老练地将人们甚至那些知识渊博的人引入陷阱，让他们无法脱身，不得不做出出乎意料的让步。最终，我甚至能够取得胜利，取得单凭我自己或是单凭论据不足以取得的胜利。之后的几年我一直沿用这一方法，不过再后来就逐渐丢弃了它，仅仅保留了温和保守的表达习惯。我提出任何可能存在争议的事情时，从不使用"肯定""无疑"等确凿的字眼，而是说"我认为是这样""我这么理解""在我看来""由于……原因，我这么认为""我想是这样"或者"如果我没弄错的话，就是如此"。当我有机会向人们灌输自己的观点，劝说人们接受某些我倡导的举措时，这个习惯让我获益匪浅。通知或是被通知、请求或是说服的交流方式往往是终结谈话的罪魁祸首。我希望善良明智的人们不要让武断的说话方式削弱了自己做好事的力量。武断的说话方式总是让人厌烦，激起反对的情绪，无法达到演讲本应达到的目的——传播智慧、发送或是接收信息、给予或是接受欢乐。如果你武断地表达自己的观点，可能会激起矛盾，使得人们无法真诚坦率地关注你。如果你既想通过向别人学习来提高自己，同时又武断地表达自己当前的见解，那么那些十分谦逊、通晓事理、不喜辩论的人很可能就不会打扰你，让你继续固守自己的错误。以这种方式，你很难得到听众的欢迎，很难给他们带来欢乐，也很少能够说服那些你想要与之合作的人。亚历山大·蒲柏曾说："不要以教训的方式教导别人。若是他人有什么不懂的知识，你仅仅把它当作是被他们遗忘的东西提出来。"他还建议我们，"说话时，即使十分肯定，也应表现得谦虚谨慎。"蒲柏的另一句话可以与上文相匹配，尽管这句话原不属于这里，但是我认为放在这里更为合适："因为傲慢即为不明事理。"你可能会问，放在原处为何不如放在这里恰当？所以我必须重复原文："出言不逊无法加以辩护，因为傲慢即为不明事理。"如果果真有人如此不幸，愚蠢而又不明事理，难道不明事理不是出言不逊的理由吗？以下修改是否更为恰当？"出言不逊只能如此辩解，傲慢缘于不明事理。"然而，如此更改是否更为恰当，还需交由智慧之士进行评判。

忘了是在1720年还是1721年，哥哥开始印刷报纸。这是美洲的第二份报纸，刊名《新英格兰报》，此前，在美洲发行的唯一一份报纸是《波士顿新闻通讯》。我记得当时他的不少朋友都劝他不要办报，觉得美洲有一份报纸就已足够了，再办一份报纸不大可能取得成功。然而现在，也就是1771年，在美洲发行的报纸至少达到了二十五份。尽管哥哥受到了朋友们的劝阻，但他还是继续积极地办报。那时我排完版印刷好后，就将报纸送到镇上用户手里。

哥哥有些颇有才气的朋友，他们写些短文发在报上作为消遣，这为报纸赢得了名气，报纸更受欢迎了。这些绅士经常拜访我们。我听到他们高谈阔论，听到他们讲述人们对作品的赞美之词，我情不自禁地跃跃欲试。但我还是个孩子，我猜想哥哥若是知道文章是我写的，他绝不会把文章发到报上。于是我就设法改变字迹，匿名写了一篇文章，晚上放在印刷室的门下。第二天哥哥发现了这篇文章，待那些写文章的朋友们像平时一样来访时，哥哥与他们讨论起了这篇文章。我听见他们朗读、评论，还赞美了这篇文章。他们不停地猜度作者是谁，提到的都是当地聪明博学的知名人士。这一切都让我欣喜若狂。现在想想，我真是十分幸运，文章得到了这些人的认可，尽管现在看来，他们或许并没有我当初以为的那么才华横溢。

我受此激励，又写了好几篇文章，以同样的方式投递。这些文章都受到了好评。很长一段时间里，我一直保守着这个秘密，后来，我再也禁不住了，就告诉了大家。哥哥的朋友们开始稍加重视我，哥哥对此却不大乐意。当然，他有自己的理由，他觉得这会让我变得自负。那段时间我和哥哥之间产生了不少分歧，或许，这只是其中一个方面。尽管他是我哥哥，但他却自认为是我的主人，而我只是他的学徒。因此，他期待我像其他学徒那样供他差遣，可是我觉得，他的有些要求简直太贬低我了，我希望，他作为兄长能够稍稍纵容我。我们发生了分歧，常常闹到父亲那里。或是因为我通常有理可依，或是因为我更擅长辩论，总之父亲常常倾斜到我这一边。哥哥性格暴躁，经常打我，令我十分不满。我觉得学徒生涯冗长乏味，一直希望能有机会缩短学徒期限，后来机会出乎意料地降临了。

我们印刷的报纸上有篇文章的政治观点冒犯了当局，现在我已忘了是什么观点。当局签发了逮捕令，逮捕了哥哥，严加审查，在监狱里关了一个月。我想，这或许是因为哥哥不愿透露那篇文章的作者是谁。当局把我也抓了起来，加以审查。他们没得到什么有用信息，警告我一番之后，就把我放了。他们或许觉得我是个学徒，必然要为师父保守秘密。

尽管我和哥哥私下不和，但是他们把哥哥监禁了起来，还是令我愤愤不平。那段时间我管理着报纸，在报纸上大胆地批评当局。哥哥对此很高兴，其他人却并不看好我，觉得我虽然是个有些才气的年轻人，但是将来恐怕会成为一个喜欢诽谤他人的怪人。当局后来释放了哥哥，同时还发布了一条奇怪的命令："禁止詹姆斯·富兰克林继续刊发《新英格兰报》。"

哥哥与朋友们在印刷室商讨此事。有人提议更改刊名，以此避开当局的禁令，但是哥哥觉得这样太麻烦，最终选择了一个更好的方法——以我的名义刊发报纸。可是如果由哥哥的徒弟继续发行该报纸，当局还是有可能对哥哥进行审查。为了避免发生这种情况，哥哥决定在原来的学徒契约背面写上彻底解除契约的声明，并将解除后的契约还给我，以备不时之需。不过他为了继续差遣我，又让我签了份适用余下学徒期的新契约。至于这份新契约，则不予公开。尽管这个计划并不周密，但还是立即实行了。报纸以我的名义继续发行了几个月。

后来，我和哥哥之间又产生了新的分歧。我料想他不敢拿出新契约，于是就决定擅自离开，去追求自由，当然，我当时不该趁机钻这个空子。我后来觉得，这是我人生所犯的第一个错误，不过我当时并没觉得有什么不妥。我怨恨他打我，他虽然不发脾气，心地不坏，可是发脾气时经常狠狠揍我。

他发现我想要离开他，就招呼镇上其他印刷室的老板不要雇用我，这些老板果然都不愿聘用我。于是，我就想到了去纽约，纽约是离这里最近的有印刷店的地方了。我那时迫切想要离开波士顿。我发现由于哥哥的案子，当局有些憎恨我，议会可以就这个案子提起任意诉讼，如果我继续留下来，可能很快就会受到牵连。此外，我还就宗教问题发表了一些轻率的言论，这使得虔诚的宗教人士对我指指点点，觉得我是个恐怖的异教徒，要不就是个无神论者。我决定离开，父亲却和哥哥站在了同一条战线上。我意识到，如果我公然离开，他们肯定会想方设法阻拦我，于是，我让我的朋友柯林斯帮我。他与一艘单桅帆船的船长讲好，让我搭乘那艘船去纽约。他说我是他的一个年轻朋友，让一个不正经的女人怀了孕，那女人的朋友们逼着我娶她，我无法公开露面或是公然离开。于是，我卖了一些书，凑了点钱，偷偷登上了那艘船。帆船顺风而行，三天之后就到了纽约。就这样，我这个年仅17岁的男孩，孤身来到了离家三百英里的地方，既没有推荐信，也不认识任何人，而且口袋里仅仅只有一点点钱。

　　此时，我对航海的向往已经消失殆尽，不然倒可以如愿以偿了。好在我还有门手艺，而且自认为手艺不错。我找到当地的印刷店老板，请他收我做伙计，这就是威廉·布拉福德老先生。他是宾夕法尼亚州的第一个印刷商，与总督乔治·基斯发生争执后，就搬到了纽约。他没有收下我，因为他那活儿不多，人手已经够了。不过他说："我儿子在费城，他最得力的助手阿克拉·罗斯最近去世了。如果你去那，他可能会录用你。"尽管费城距离纽约一百多英里，但我还是乘坐一条开往安波伊的小船出发了，箱子和行李留待之后从海上托运过去。

我们穿越海湾时，海面卷起了狂风，狂风把本就破烂不堪的船帆撕成了碎片，我们无法驶入基尔河，风浪把我们冲向了长岛。途中，一个醉醺醺的荷兰乘客失足落入了水中。就在他下沉时，我一把抓住了他蓬乱的头发，拉住了他，最后，在大家的努力下，我们总算把他拽上了船。他在水里折腾了一番，清醒了一些，从口袋里掏出一本书，要我给他晾干，接着又睡着了。这是一本荷兰语的《天路历程》，是我最喜欢的作家约翰·班扬的作品。这本书纸张上乘、印刷精良，还带有铜版插图，比我见过的任何英文版本都要精美。我后来发现《天路历程》被译成了多种欧洲语言，或许它是除《圣经》之外读者最多的书籍。据我所知，约翰是第一位把叙述与对话结合在一起的作家。这种写作方法极富感染力，能够让读者身临其境，在最精彩的章节参与书中的对话。笛福在《鲁滨逊漂流记》《摩尔·弗兰德斯》《宗教的求爱》以及《家庭教师》等作品中成功效仿了这种写作方法。此外，理查森在《帕梅拉》等作品中，也进行了摹仿。

我们靠近长岛，却发现这里没有码头，巨大的海浪冲击着乱石丛生的海滩。我们抛锚泊船，试图靠近海岸。有一些人来到岸边，向我们大声呼喊，我们也大声回应，但是风急浪高，我们听不清对方在说什么。岸边有些独木舟，我们一边呼喊，一边比划，希望他们用独木舟把我们接过去。他们兴许没明白我们的意思，要么就是觉得这主意不切实际，最后都离开了。夜幕降临，我们除了等待风力减弱之外，别无他法。我和船夫决定睡上一觉，如果我们睡得着的话。我们和依然浑身湿淋淋的荷兰人一起挤在狭窄的船舱里。浪花拍打着船头，海水渗进了船舱，我们很快就像那个荷兰人一样全身都湿透了。就这样，我们躺了一夜，根本就没怎么睡着。好在第二天风势减弱了，我们调转船头，争取午夜前到达安波伊。我们已经在海上漂了三十个小时，既没食物，也没淡水，只有一瓶浑浊的朗姆酒。海水咸得无法入口。

当天傍晚，我发了高烧，进船舱躺了下来。我想起曾经读过多喝冷水有助于退烧的知识，于是就喝了不少冷水，晚上大部分时间，我全身上下大汗淋漓，后来我终于退烧了。早上，我下了船徒步前行。这里离伯灵顿还有五十英里，我打听到从伯灵顿有去费城的船。

这一整天都大雨倾盆。我全身都湿透了，中午时分我感到疲惫不堪，于是就在一家小旅馆停了下来。那天晚上，我留宿在那里，开始后悔自己当初离家出走的冲动。我的模样十分落魄。我从人们问我的问题中揣摩出，他们怀疑我是逃跑的用人，我面临被抓起来的危险。第二天，我又继续赶路。傍晚时分，距离伯灵顿还有约莫十英里，我走进了一家小旅馆。旅馆主人布朗先生在我吃饭时与我攀谈了起来，他发现我读了点书，就对我十分和气友善。我们后来一直来往，直至他去世。我猜想他以前可能是名周游各地的医生。他异常熟悉欧洲的任何一个国家、英格兰的任何一个城镇，总能细细地把它们解说一番。他颇有学问，人也聪明，却不大信奉宗教。多年后，他戏谑地将《圣经》改编成了打油诗，经他这么一改，圣经中的许多史实都变得可笑起来。这些打油诗若是出版，肯定要对那些意志薄弱的人产生不良影响。好在它们从未出版。

我那天晚上住在他家，第二天到了伯灵顿。可是我到达时发现,定期船刚刚离开,真是让人懊恼。那天是周六,要等到下周二才有航船开往费城。我回到城里一个老年妇女那里,我先前在她那里买过姜饼,以备坐船时吃。我向她请教该怎么办。她邀请我去她家住,等下一班轮船。我连日赶路,十分疲惫,就接受了邀请。她听说我是印刷工人,就建议我留在柏林顿开印刷所,但是她不了解开印刷所所需要的起步资金。她非常热情好客,还做了牛面颊招待我,仅仅收了我送的一壶麦芽酒作为报酬。我准备留在这里,等到星期二再启程。然而有天傍晚我在河边散步,遇见一条前往费城的船,里面已经坐了好几个人,他们带上了我。由于一路无风,我们一直划船。约莫午夜时分,我们还没到达费城。有人觉得我们肯定是走过了头,不该继续往前划;其他人则不知道我们现在身处何处。我们划向岸边,划进河湾,在一段旧篱笆附近上了岸。我们拆下旧篱笆的木杆,生了一堆火,在那儿一直待到天亮。这时候随行中有个人认出这是费城北面不远处的库柏河,于是我们又上了船,刚把船划出河湾,就远远地看到了费城。那天是星期天,上午八九点钟,我们到了费城,在市场街码头上了岸。

  我尽可能详细地描述自己的旅程以及第一次走进费

城的情景,这样,你就能在脑海中进行比较:起初,我来到费城,希望渺茫,前途暗淡;后来,我成为了费城的显要人物。那天,我穿着工装,体面的衣服还在水路上没有运到。我风尘仆仆,口袋里装着内衣和袜子,鼓鼓囊囊的。我举目无亲,无处可以投宿。我一路奔波,不停地划船,缺少休息,饥肠辘辘。我身上只剩下一荷盾和大约一先令的铜板。我把铜板给了船夫付了路费。他们开始不收,说是我也划了船,可我执意让他们收下。人在钱少时反而比钱多时慷慨,或许是唯恐别人觉得自己没钱。

之后,我来到街上,四处溜达。我在集市附近看见一个男孩拿着面包。我以前就常常吃些面包凑合一顿,便上前问他在哪里买的,之后就立即去了第二大街上的那家面包房。我想买波士顿常见的那种面包,但是费城似乎没有,我又问有没有三便士一条的面包,他们也没有。我不知道这里与波士顿所使用的钱有什么差别,也不知道这里物价要便宜得多,更不知道这里面包的名字,就让他给我价值三便士的面包,随便什么样的面包都行。他给了我三个蓬松的大面包卷,我很惊讶,三便士竟然可以买这么多面包。我口袋里已经放不下了,就嘴里吃着一个,两个胳膊各夹着一个。我沿着市场大街向北走了很远，一直走到第四大街，经过我未来的岳父大人瑞德先生的家门口。我未来的妻子当时正站在家门口，看到我经过，觉得我又笨拙又滑稽。我当时的确如此。我转弯沿着板栗大街向南前行，之后又沿着核桃街走了一段。我边吃边走，拐来拐去，最后发现自己竟然站在了市场大街码头，就在我来时坐的那条船附近。我跑到河边喝了一通河水。我吃了一个面包，感觉已经饱了，就把剩下的两个面包给了之前和我一起坐船的妇女和她的孩子。她们正在等船，还要继续赶路。

　　我吃过东西，精神多了，就又走到了街上。这时街上有许多衣着整洁的人，他们都向同一个方向走去。我跟着他们，走进了市场附近巨大的贵格会集会场所。我在人群中坐了下来，看了看周围，没有听到牧师布道。我连日奔波，头天晚上又没休息好，这会儿昏昏欲睡，很快就睡着了，一直睡到散会，一个好心人叫醒了我。事实上，这是我在费城走进的第一所房子，也是我在费城第一次睡觉的地方。

　　我再次向河边走去，一路上观察着人们的面孔。路上，我遇到一个面善的贵格会教徒，便上前问他附近有没有外地人可以投宿的地方。我们当时在"三个水手"招牌的附近，他说："这里可供外地人借宿，不过声誉不佳。如果你愿意跟我走，我可以带你去一个更好的地方。"他把我带到了沃特大街的克鲁克旅馆。我在这里吃了午饭。吃饭时，有人问了我几个狡猾的问题，似乎看我外表落魄，又很年轻，怀疑我是从家里逃出来的。

吃完饭后，困意再次袭来。店里的人把我带到了房间，我衣服都没脱就躺在床上呼呼大睡起来，一直到傍晚六点被叫醒去吃晚饭。我吃完饭后，又早早上床，沉沉睡去，第二天早上才醒来。我起床后，尽可能地把自己收拾干净，然后去了安德鲁·布拉福德的印刷所。我在印刷所里见到了这里老板的父亲，也就是在纽约见过的威廉·布拉福德老先生。他是骑马过来的，比我先到费城。他向儿子介绍我。他儿子礼貌地接待了我，还请我吃了早餐。但是他说他最近新雇了个帮手，现在不缺人。他还说，城里最近新开了一家印刷所，那里的老板凯默可能会雇用我。如果凯默不雇用我的话，他欢迎我去他家寄宿，他可以给我安排点零活做，直至我找到正式工作。

这位老绅士说他会和我一起去那家新开的印刷所。我们找到了凯默，布拉福德对他说："邻居，我给你带来了一个年轻的印刷工人，或许你正需要这样的人手。"凯默问了我几个问题，然后将一个排字盘放在我手里，看我如何操作,看完之后说尽管现在没什么活儿给我做,但是很快就会雇用我的。他以为布拉福德是镇里的人,有意帮自己,就和他谈起了印刷所现在的情况以及未来的规划。布拉福德并未透露自己是另一家印刷所老板的父亲。他听到凯默说预计不久就可以包揽下城里的大部分印刷业务时,就巧妙地进行提问,既没引起凯默的怀疑,又引导凯默说出了所有的想法——有哪些可以依靠的关系,又准备怎么做等等。我站在一旁,听得清清楚楚,很快就发现他们俩一个老谋深算,另一个初出茅庐。布拉福德离开后,我告诉了凯默布拉福德的身份,凯默大吃一惊。

我发现凯默的印刷所里只有一台破旧的印刷机和一副老掉牙的小号英文铅字。当时他正用那副铅字排一首献给阿奎拉·罗斯的《挽歌》。年轻人阿奎拉·罗斯是议会的书记员。他天资聪颖,品德高尚,备受别人尊重,还写得一首好诗。凯默也写诗,不过诗写得很一般。其实不能说他在写诗,因为他作诗时,并不写下来,而是直接用铅字排版。由于没有稿子,只有活字盘,并且《挽歌》可能用到所有的铅字,所以没人能帮到他。凯默还未用过那台印刷机,也不会用这台机器。我颇费周折把机器装好以备使用,承诺等他一排好《挽歌》，我就来为他印刷。之后，我回到了布拉福德家。他让我暂时帮他做些零活，在他那里吃住。几天后，凯默差人叫我去印《挽歌》。现在，他又买了一副活字盘，还接到了一个活儿——重印一份小册子，于是就让我开始着手印刷。

我发现两家印刷所的老板都不太擅长这一行。布拉福德没有学过印刷，文化水平还很低；凯默虽然有些学识，但只会排字，对印刷却一无所知。他曾是法国先知派的教徒，曾像其他教友一样极度狂热。不过到了此时，他已不再宣称自己信奉某个特定的教派，似乎每个教派他都或多或少信一点。他完全不懂人情世故。我后来发现，他还颇有些无赖。我在他这里干活，他不乐意我继续住在布拉福德家。他自己虽然有栋房子，可是里面没有家具，无法住宿。他本人租住在瑞德先生家，于是就让我也住了过去。这时候，我的行李衣服都已到达，我的穿着整洁了许多。在瑞德小姐眼里，我现在可比她第一次见我在街上吃面包卷的样子体面多了。

在这段时间里，我结识了镇上的一些热爱读书的朋友，与他们一起度过了许多愉快的夜晚。我有了收入，又很节俭，于是就有了一些积蓄。我过得很如意，尽可能地将波士顿的一切抛在脑后，不想让波士顿的任何人知道我现在身处何处。不过，我给朋友柯林斯写过信。他知道我在哪里，但他答应不告诉别人。后来，发生了一件意外的事情，促使我提前回到了波士顿。我有一个姐夫，名叫罗伯特·霍尔姆斯，他在一艘往返波士顿和特拉华州的船上当船长。当时他在费城下游四十英里的纽卡斯尔听说了我的消息，就给我写了一封信。信中提到：我突然离家出走，波士顿的亲友十分担心和挂念，希望我相信他们的善意。他言辞恳切，劝我回波士顿，并承诺如果我回去了，一切都将遂我心意。我给他回了一封信，感谢他提出的建议，并且详细解释了我为什么离开波士顿，让他相信我并非任性而为。

威廉·基斯爵士总督那时也在纽卡斯尔。霍尔姆斯船长收到我的信时，碰巧正与威廉爵士在一起，就顺便向爵士提起了我，还给他看了那封信。威廉爵士读完信，得知我如此年轻，十分惊讶。他说我是个很有前途的年轻人，应该得到鼓励。费城的印刷业不怎么样，若是我能自己开业，肯定会取得成功，而且他愿意给我介绍政府的印刷业务，为我提供力所能及的帮助。我当时自然对此毫不知情，这些都是姐夫后来在波士顿告诉我的。有一天，我和凯默一起在窗边工作，看见衣着考究的威廉爵士与另一位绅士（后来才知道是纽卡斯尔的弗莱彻上校）穿过街道，径直向我们的印刷所走来，片刻之后就到了门口。

凯默以为他们是来找他的，于是就立即跑去迎接。威廉爵士却问起我，并向我走了过来。他谦谦有礼，以一种我颇不习惯的方式与我交谈。他大大赞扬了我一番，声称想与我交朋友，嗔怪我初到费城时没有让他认识。他邀请我与他们一起去酒馆坐一会儿，说他与弗莱彻上校正准备去那儿喝些美味的马得拉白葡萄酒。我受宠若惊，凯默则目瞪口呆。我与他们一起去了第三大街街角的酒馆。他一边喝着马得拉白葡萄酒，一边建议我自立门户，说我很有可能会取得成功。他和弗莱彻上校都承诺，说我可以凭借他们的影响力承接政府的印刷业务。我告诉他们，我不知父亲是否会资助我。威廉爵士说，他可以给我父亲写封信让我带回去，在信里他将说明在这里开业的优势，他相信他一定能够说服我父亲。事情就这么定了下来，我应该乘坐最早的一班船回波士顿，将总督的信送到父亲手里。但是目前，这件事情应该保密。我像以往一样继续跟着凯默一起工作。威廉爵士时常差人来找我，请我一起用餐，我觉得这是我莫大的荣幸。他与我交谈，和蔼可亲，十分友好。

1724年4月底，有艘小船开往波士顿。我向凯默请假，说是去看望朋友。威廉爵士交给我一封很长的信，信是写给父亲的，在信中他大大夸奖了我一番，强烈建议我在费城开业，说我肯定能够盈利。我们的船离开海湾时不幸触礁，撞了一个裂缝，再加上在海上航行时风急浪高，所以我们只好不停地轮流向船外排水。大约半个月后，我们终于安全抵达了波士顿。这时我已经离开了好几个月，亲友们一直没有我的任何消息。我姐夫霍尔姆斯还未回到波士顿，也未写信告诉大家我的消息。我突然回来，家人都很吃惊，也都很高兴，欢迎我回来，只有哥哥詹姆斯除外。我去哥哥的印刷所里看他。我比给他当学徒时穿得更加体面，从头到脚换了一身全新的行头，还戴了一块手表，口袋里装着将近五英镑的银币。他接待了我，不怎么真诚，上下打量了我一番，之后又继续工作了。

　　店里的印刷工都很好奇我去了哪里，问我那是个什么样的地方，问我觉得那里怎么样。我把费城大大赞扬了一番，说我在那里过得很好，强烈表示我想再回费城。有个人问我在那里用什么样的钱，我拿出一把银币给他们看，他们觉得很稀奇，因为波士顿使用的是纸币。然后我又借机让他们看我的手表。我哥哥在此期间一直紧绷着脸，闷闷不乐。最后我拿出八便士给他们买酒喝，然后就离开了。我的这次探访，惹得哥哥十分不悦。后来母亲提议哥哥与我和解，希望兄弟重归于好。哥哥说，我在他的徒弟们面前用这种方式侮辱他，他永远都不会忘记，永远都不会原谅我。不过，在这一点上，他的确错了。

父亲接到威廉爵士的信，显然十分惊喜。不过在接下来的几天里，他都没怎么和我谈及此事。霍尔姆斯船长回来后，父亲给他看了这封信，问他是否认识威廉·基斯，向他打听威廉·基斯的为人。父亲还说，他觉得威廉爵士肯定不是非常审慎的人，因为他竟然鼓励一个还要三年才能成年的男孩子自己开业。虽然霍尔姆斯竭力促成此事，可是父亲却认为此事不妥，最后断然否决。父亲给威廉爵士回了一封信，感谢他对我的栽培与照顾，不过也委婉地表示他还不能资助我开业，因为他觉得我还太年轻，无法把这么重大的事情做好，加之开业还需要很多启动资金。

我的朋友柯林斯在邮局工作，听了我的描述后便对费城非常向往，决定也去费城闯荡一番。我还在等父亲做出决定，柯林斯就先上路了，他走陆路去罗德岛。他还将大量数学和自然哲学方面的书留了下来，让我将这些书和自己的书一起带到纽约，他承诺在那里等我。

父亲虽然没有接受威廉爵士的建议，但却非常高兴。父亲很是欣慰，我能从费城的显赫人士手中获得这么一封对我赞赏有加的信函，而且在这么短的时间内靠着勤勉节俭把自己打理得如此体面。因此，当父亲意识到我和哥哥无法重归于好时，就同意我返回费城。他建议我尊重当地人，努力赢得大家的尊重。他还叮嘱我不要讽刺中伤他人，因为他认为我有这个坏习惯。父亲说，如果我一直勤勤勉勉、花钱节俭的话，到二十一岁时就可能存够了开业所需的资金，到时如果我自己的资金不够充足，而且缺口不是很大的话，他愿意为我填补缺口。这就是我这次回波士顿的收获，此外我还收到了洋溢着父母爱意的一些小礼物。于是，我带着父母的祝福，再次启程，前往纽约。

轮船中途停靠在罗德岛新港，我顺便拜访了约翰哥哥。他已经结婚，在这里定居好几年了。他向来疼爱我，见到我十分高兴。哥哥有一个朋友，叫做弗农。宾夕法尼亚有人要还弗农一笔钱，大约三十五英镑。弗农想要我帮他收下这些钱，代为保管，直到他通知我把这笔钱转交给他为止。他给了我一份委托书。后来，这件事让我非常不安。

在新港，许多去纽约的乘客搭乘了我们的船。其中，有两位结伴而行的年轻女人，另有一位严肃庄重、通情达理的贵格会妇女，她还带着仆人。我欣然帮助这位妇女做了一些小事。也许，这给她留下了不错的印象，所以当她看到那两个女人似乎有意结识我并且确实与我日益熟识起来时，她将我带到一旁说道："年轻人，我很担心你。你涉世未深，似乎不太了解世事，也不太了解年轻人可能落入的圈套。毫无疑问，这两个女人不是正经女人，我能从她们的言行举止中判断出来。你独自一人，如果不提防她们的话，你可能会陷入危险的境地。既然你与她们素昧平生，那么我出于好意，建议你不要与她们来往。"开始时，我似乎并没有像她那样，觉得这两个年轻女人是坏人；后来，她提起了一些我此前没有注意到的细节，并以此说服了我，我认为她是对的。我向她表示感谢，答应接受她的建议。我们到达纽约时，那两个女人告诉我她们的住址，邀请我去拜访她们，我回绝了。还好，我回绝了。第二天，船长发现船舱里丢了一把银匙和其他一些东西。他知道这两个女人是妓女，就申请搜查她们的住处，果然找到了丢失的物品。窃贼受到了惩罚。我们的船中途曾与一处暗礁擦身而过，幸免于难，可是，相比而言，我觉得躲过这两个女人设计的圈套对我来说更为重要。

我在纽约见到了柯林斯，他比我先到一段时间。我们还是孩子时就十分亲密，经常一起阅读书籍。不过，他比我有更加充裕的时间来阅读和学习。他在数学方面颇有天赋，远远超过了我。我以前在波士顿时，大部分闲暇时间都用来与他一起交谈。他一直是个清醒冷静、勤勤勉勉的小伙子，而且还很有学识，颇受同事及其他绅士的尊敬，将来可能会成为一个重要的人物。但是我不在波士顿的这段时间，他养成了酗酒的习惯。我从他自己以及别人口中得知，自从到了纽约之后，他天天喝醉，行为古怪。他还赌博，输光了所有的钱。我不得不供他住宿，负担他去费城的路费以及到费城后的花费。这给我带来了不少麻烦。

纽约的时任总督是伯内特（伯内特主教之子）。他听船长说有个年轻乘客带了许多书，就让船长带去见他。于是，我去见了总督。我本该带着柯林斯一起的，可是他喝醉了。总督非常礼貌地接待了我，还带我参观了他的图书馆。图书馆里的藏书量非常大。我们就书籍和作者谈了许多。这是第二位留意我的总督，我感到非常荣幸。对我这么一个出身贫寒的孩子来说，这确实令人高兴。

我们继续向费城前进。在途中我收到了弗农的钱，幸好有这笔钱，否则我们很难完成我们的行程。柯林斯想去会计所应聘，可是那些人总是从他怪异的举止或是散发的酒气中发现他嗜好威士忌。尽管他有一些推荐信，可还是一直没有得到录用，只好继续与我一起吃住，让我为他支付费用。他知道我拿了弗农的那笔钱，就一直向我借钱，承诺他一找到工作领到薪水就还给我。最后，他借得太多了，我开始担心起来，万一弗农跟我要钱，我该怎么办呢？

柯林斯还是继续喝酒，我们不时因这个问题发生争吵。他一旦喝得微醉，就变得非常易怒。有一次，我们和另外几个年轻人在特拉华河上泛舟，大家轮流划船，轮到他时，他却不愿意划。他说："你们划吧，我要回家了。"我反驳道："我们才不替你划呢。"他说："你们要么划船，要么整晚待在河上，随便你们怎么选。"其他人则说："我们来划吧，这有什么关系？"但是我联想到他最近的所作所为，感觉十分不爽，就坚持要他划船。他威胁要我划船，不然就把我扔进河里，还继续挑衅，踏上独木舟的横梁，冲过来要打我。我一把抱住他的大腿，起身将他扔进了河里。我知道他水性好，并不担心他有危险。他向我们游过来，就要够到船舷了，我们又赶紧划几下，让他够不着。每次待他游近，我们就把船往前划一点，然后问他愿不愿意划船。他十分恼怒，宁死也不答应划船。最后，我们眼见他精疲力竭了，才把他拉了上来。黄昏时分，我们将浑身湿透的他送回了家。此后，我们都没有好好说过话。后来一位西印度的船长受人之托，为巴巴多斯一位绅士的儿子寻找家庭教师，这位船长恰巧碰到了柯林斯，同意带他去巴巴多斯。柯林斯就此和我分开了，他承诺拿到第一笔薪资就寄给我还债。只是，我后来再也没有听到过他的消息。

动用弗农的钱，是我人生所犯的第一个严重的错误。这件事情表明，父亲的判断并没什么错，他认为我太年轻，无法掌管重大的生意，的确如此。不过威廉爵士读了父亲的回信后，却认为我父亲太谨慎了。人与人之间存在着巨大的差异，年长的人不一定谨慎，年轻的人也不一定鲁莽。威廉爵士说："既然他不出资让你创业，那我来出资。给我列一个清单，写明需要从英格兰购置的物品，我派人去买。等你有能力了，再把钱还给我。你一定要在费城开一家像样的印刷所，我确信你能成功！"他说话时态度如此热诚真挚，我丝毫没有产生怀疑。在此之前，我一直对计划在费城开业的事情保守秘密，此时我仍然没有告诉任何人。若是我早些告诉别人我将希望寄托在总督身上，或许更为了解他的朋友们会建议我不要信赖他。我后来才听说他向来喜欢信口许诺，却从不兑现诺言。然而我从未主动请求他给予援助，怎会想到他如此慷慨地承诺帮忙，竟然并非出自真心？我那时以为他是全世界最善良的人。

我列出了开一家小型印刷所所必需的物品，并将物品清单提交给他。购置这些物品预计需要约一百英镑的经费。他很满意，问我能否立即前往英格兰进行挑选，以便确保每一件物品都是精品，这或许能够带来许多好处。他说："这么做，你还能在那儿结识一些人，与书籍销售商和文具销售商建立联系。"我也觉得这么做十分有利。他说："既然这样，那么就准备好乘'安妮丝号'去吧。""安妮丝号"是当时唯一一艘固定来往伦敦和费城的轮船，一年往返一次。那时距离"安妮丝号"起航还有几个月的时间，于是我继续与凯默一起共事。我每天都为柯林斯从我这拿走的钱而烦恼，担心弗农找我要钱，幸运的是，之后好几年弗农都没来催款。

我忘了提一件事。我第一次从波士顿来费城的途中，由于没有风，帆船在布鲁克岛附近停航了。船上的人抓起了鳕鱼，拖上来许多。那时，我已经很长时间不吃荤食了。看到这种情况，我像我的素食导师泰伦一样认为捕鱼即是谋杀，毕竟任何一条鱼过去都不曾伤害过

45

我们，未来也无法伤害到我们，我们没有理由进行捕杀。这个观点似乎合情合理。不过我过去非常喜欢吃鱼，此时热腾腾、香喷喷的鱼一出锅，我觉得诱人极了。遵守原则还是顺应喜好？我权衡了好一会儿，直至想起之前看他们剖鱼时，从大鱼胃里掏出了一些小鱼，就忖度"既然你能吃小鱼，我不明白为什么我们不能吃你"，于是我痛快地吃了一顿鳕鱼，此后继续和其他人一起吃荤，只有偶尔才食用素食。做一个理性的生物原是如此便利，总能为自己找到理由或是制造理由去做想做之事。

我与凯默相处比较亲密，意见也还相投，他根本没有想到我要自己开业。他在很大程度上还像以往一样狂热，喜欢与人辩论，我们就经常相互辩驳。我常用苏格拉底问答法对付他，时常诱他落入圈套。我首先问他一些似乎与眼前的辩论毫不相关的问题，然后一步一步地贴近主题，诱他陷入困境，陷入自相矛盾的境地。最后他变得极度谨慎，甚至连最常见的问题也不愿回答，除非先问一句"你想从这个问题中推断出什么"，不过，他因此十分推崇我的辩论能力，还郑重其事地建议我与他一起合作，成立一个新的教派，他负责解释教义，我负责驳倒反对者。他向我解说他的教义时，我发现其中有些莫名其妙的教义正是我所反对的，于是表明除非我也参与制定教义，加入一些我认为正确的教义，否则我们无法共同建立新的教派。

凯默留着长长的大胡子，原因是摩西律法规定"切忌损伤胡须"。他还坚持将每周的第七天定为安息日。他觉得这两点不可或缺，但我却都不喜欢。不过我说如果他采纳不吃荤食的教义，那么我可以接受他提出的两条教义。他说："我觉得，我的身体会受不了。"我向他保证，他的身体受得了，而且还会变得更好。他一向贪吃，我思忖将来他若是半饥半饱倒也有趣。他说若是我陪着他的话，他倒是愿意尝试吃素。我答应和他一起吃素。我们实行了三个月的素食计划。我们让附近的一位妇女烧好饭菜给我们送过来。我给她列了一个菜单，上面有四十道菜，她可以按照菜单换着花样来做。这些菜里既没有鱼肉，也没有禽类。这个奇怪的做法契合了我当时的处境，因为素菜便宜，每人每周的饮食费不会超过十八便士。从那时起，我严格遵守过几次四旬斋。突然从平常食物转向斋食，然后又突然从斋食转向平常食物，我并没觉得有什么不便。人们建议逐渐改变饮食习惯，不过我觉得这个建议并不合理。我很愉快地开始吃素食，可怜的凯默却苦不堪言，厌恶起素食计划来，情不自禁地想念埃及的肉锅，于是叫了一份烤乳猪。他还邀请我和两个女性朋友一起进餐，不过烤乳猪上桌早了一些，他抵挡不了美味的诱惑，在我们到达之前就将之一扫而光。

这段时间我正在追求瑞德小姐。我很尊敬她，也很爱慕她，有迹象表明，她也喜欢我。但是，我即将开始一段长途旅行，而且我们都还非常年轻，只有十八岁多一点点。她母亲觉得此事应该谨慎，反对我们的关系发展得太快，不支持我们现在结婚。她认为，如果真要结婚的话，还是我旅行归来后更为合适，那时，我应该已经实现理想、自立门户了。她或许也觉得，我那理想并非像我以为的那样，有着扎实的基础。

这段时间与我来往比较密切的朋友有查里斯·奥斯本、约瑟夫·沃森和詹姆斯·拉尔夫，他们都是热爱读书的人。查里斯·奥斯本和约瑟夫·沃森在镇上的公证人查尔斯·布罗格登手下工作，查尔斯·布罗格登是颇有名望的产权转让事务律师。拉尔夫是一名商店职员。沃森是个虔诚的年轻人，他通情达理，正直诚实。奥斯本和拉尔夫的宗教信仰都比较淡薄，尤其是拉尔夫。拉尔夫与柯林斯一样，受我影响，已经不那么相信宗教了。他们俩也都给我带来了不少麻烦。奥斯本通晓事理，正直坦率，对朋友又诚恳又热情，但是他在讨论文学问题时，却过于喜欢进行批判。拉尔夫天资聪颖，风度翩翩，善于雄辩。我认识的人中，就数他的口才最好。每逢周日，我们四人常常一起来到斯古吉尔河附近，在林中漫步，轮流朗读作品，然后大家一起讨论，十分愉悦。

拉尔夫想要献身诗歌事业，他相信自己能够成为一名杰出的诗人，能够通过写诗发财致富。他断言，即使是最好的诗人，刚开始写诗时，也会像他一样，所写的诗中存在不少瑕疵。奥斯本劝他打消这个念头，试图让他相信自己在诗歌方面没有天赋，建议他做好本职工作，不要胡思乱想。奥斯本说尽管拉尔夫没有积蓄，但是凭借着他的商业头脑，再加上他勤勉工作、恪守信用，日后可以当上代理人，假以时日，就能独自经营了。我赞成偶尔写写诗自娱自乐，提高语言水平，除此以外没有更高的奢望。

我们提议下次聚会时每人带一首自己写的诗，到时相互朗诵、点评，提出修改意见，共同提高写诗水平。我们关注的重点是语言表达，而非原创思想。最后大家一致同意改写第十八篇圣歌，就是描写神降临的那一篇。聚会日渐临近，拉尔夫找到我，说他已经写好了。

我告诉他，我最近很忙，也没有多少诗兴，所以就没有写诗。他给我看了他的诗，征询我的意见。我大大赞赏了一番，觉得其中有许多优点。他说："奥斯本从不肯承认我写的东西有什么优点，出于嫉妒，他总是将我写的东西批得一无是处，不过他不怎么嫉妒你。我希望你能带上这首诗，到时候把它当作是你写的给大家朗读，而我则假装没有时间，没有写。然后我们看看他怎么评价这首诗。"我同意了，立即抄写了一遍，以便使这首诗看起来像是出自我的手中。

聚会的日子到了。沃森朗读了他写的诗，虽然有些优点，但是也有不少缺点。奥斯本也朗读了他作的诗，比沃森的要好一些。拉尔夫公正地进行了点评，指出了一些缺点，也赞美了优点。拉尔夫说他没来得及写，没什么可读。我则扭扭捏捏，装模作样想要请求大家的原谅，说时间不够还没来得及修改等等。但是他们非要我拿出来，不允许我找任何借口。我读了一遍，又重复了一遍。沃森和奥斯本都自愧不如，称赞这首诗写得最好。拉尔夫提出了少许不足之处，给出了一些修改意见，当时我为这首诗进行了辩护。奥斯本不同意拉尔夫的意见，说他的点评比他的诗好不了多少，拉尔夫就没再和他争辩。他俩一起回家时，奥斯本仍对我的那首诗赞不绝口，说刚刚担心我误认为他是在奉承我，还没完全说出自己的感受。他说："谁能想得到呢，富兰克林竟能写出如此优秀的诗歌，如此绘声绘色！如此铿锵有力！如此热情洋溢！这首诗写得甚至比原作还要好。他平时说话言辞匮乏，犹豫不决，时常犯错。然而，天啊！他写得多好！"大家再次见面时，拉尔夫说出了事情的真相，于是大伙儿就嘲笑了奥斯本一番。

这件事进一步坚定了拉尔夫成为诗人的决心。我竭尽全力劝阻他，但他却依然继续胡乱写诗，直至最终诗人蒲柏打消了他的想法。不过，拉尔夫后来成为了非常优秀的散文作家。后文里还将提到他。我在后文中可能不会再提到另外两个朋友了，那么我就在此处写写他们吧。沃森是我们四人中最优秀的一位，多年后，他在我的怀里离开了人世，这令我十分悲痛。奥斯本去了西印度群岛，在那里成为一名优秀的律师，赚了许多钱，不幸的是，他年纪轻轻就去世了。我与奥斯本曾认真约定，不论谁先离世，如果可能的话，都要去探访另一个人，告诉他另一个世界的情形。不过，他从未履行他的诺言。

总督似乎非常喜欢让我陪伴他，经常派人叫我去他家。每次谈到资助我开业的事情，他都坚定不移。根据计划，他将给我开具担保信件，为我提供必需的资金，帮我购买印刷机、铅字以及纸张等物品，此外，他还会给我出示一些推荐信，将我介绍给他的一些朋友。他好几次都许下准备好这些信件的日期，让我到时去拿，可是他又不断延期。那班轮船已经多次推迟了起航日期，可是我一直等到轮船即将出发，也未能拿到信件。我上门拜访，去拿那些信件，顺便向他辞行。他的秘书巴德博士出来见我，说总督正忙于写信，他将赶往纽卡斯尔，待我乘船到达那里，便可收到那些信件。

尽管拉尔夫当时已经结婚，还有一个孩子，但还是决定陪我一同远行。我原以为他想去伦敦建立起代销关系，通过代销货物来赚取佣金，后来我才发现，原来他是对妻子的亲戚们不满，打算将妻子推给那些亲戚，自己再也不回来了。我告别了朋友们，与瑞德小姐共同许下山盟海誓，然后就乘船离开了费城。船停靠在纽卡斯尔时，总督已经到了那里。我前往他的住处，又是秘书出来见我。秘书对我十分礼貌，传达了总督的口信，说总督现在有重要公务在身，无法与我见面，但是会将信件送到船上，并衷心祝愿我旅途顺利，早日回到费城等等。我回到了船上，有些迷惑不解，但仍未对总督产生怀疑。

费城的著名律师安德鲁·汉密尔顿先生和他的儿子也搭乘这艘船。这父子俩与德纳姆先生（清教徒商人）、奥尼恩斯先生和拉塞尔先生（马里兰州一家炼铁厂的两位师傅）一起包下了大舱。我和拉尔夫只得坐统舱。船上没人认识我们，大家都把我们看作一般人。后来有人花重金聘请汉密尔顿先生为一艘被扣押的船只进行辩护，于是汉密尔顿先生和儿子詹姆斯（后来当了总督）中途下了船，从纽卡斯尔返回费城。我们乘坐的船从纽卡斯尔起航之前不久，弗莱彻上校来过船上，他对我十分尊重。人们由此注意到了我，绅士们邀请我和拉尔夫去大舱。那里现在有了空位，我和拉尔夫就搬了过去。

我以为弗莱彻上校送来了总督的信件，就找船长索取。船长说所有的信件都放进了一个包裹，一时没法拿出来。不过他说在我们到达英格兰登陆前，我应该能够拿到自己的信件。这样我就暂时安心了，随船继续向前航行。途中我们享用了汉密尔顿先生储备的丰富的存粮。同舱的乘客都很喜欢交谈，大家相处得很愉快。我和德纳姆先生还成为了终生的朋友。若非如此，这次旅行算不得愉悦，因为天气经常非常糟糕。

我们到达英吉利海峡时，船长信守诺言，同意让我在那个装信件的包裹里寻找总督的信件，可是我没有找到一封写着我的姓名或是托我转交的信件。我按照信封上的笔迹，挑了六七封出来，觉得可能是总督写的。其中有一封的收信人是皇家印刷所的巴斯克特，还有一封的收信人是一个文具商。1724年12月24日，我们到达了伦敦。我首先拜访了那个文具商，把那封信当作基斯总督的来信交给了他。他说："我不认识你说的那个人。"不过，他还是拆开了信件："噢！这是瑞德莱斯登的来信。最近我发现他是个大骗子，我要与他断绝往来，再也不收他的任何信啦！"说着，他将信塞回我的手中，就转身招呼顾客了。我发现这些信并非总督所写，感到十分吃惊。我回忆此事前前后后的经过，开始怀疑总督的诚意。我找到我的朋友德纳姆，向他讲述了整件事情。他告诉我基斯的为人，说基斯绝不可能为我写任何信件，他还说，任何了解基斯的人都绝对不会相信。他嘲笑基斯提议给我开具担保信件，因为基斯完全没有信用可言。我告诉他，我现在有些担忧，不知接下来该怎么办。他建议我努力在印刷行业找个工作："在这里的印刷所工作，你能够取得进步，等你回到美洲开业，就会更具优势。"

我们两个碰巧也像那个文具商一样，知道律师瑞德莱斯登是个彻头彻尾的大骗子。他唆使瑞德小姐的父亲和他签订了一份合约,骗去了瑞德家一半的产业。这封信似乎表明,有人以为汉密尔顿会与我们一起来英国,正在密谋祸害汉密尔顿。信还表明基斯先生与瑞德莱斯登都牵涉到此事。德纳姆是汉密尔顿的朋友,他觉得应该告知汉密尔顿先生此事。不久之后,汉密尔顿就到了英国。我怨恨基斯和瑞德莱斯登,也想帮帮汉密尔顿,于是就把这封信交给了汉密尔顿。他诚挚地向我表示感谢,说这个消息对他很重要。我们从此成为了朋友,他后来多次帮助过我。

一个总督竟然玩起了这种鬼把戏,捉弄贫苦无知的男孩,这该作何理解呢!毫无疑问,这是他养成的陋习。他偏好取悦每一个人,又没有东西可以给予,只好给人以期待。撇除这个坏习惯,他倒还算机敏聪颖,通情达理,还写得一手好文章。他常对他的选民——殖民地领主们的命令置若罔闻,领主们并不觉得他是位好总督,可是,他却是广大人民的好总督。他任期内还筹备并通过了好几部不错的法律。

我和拉尔夫成了患难之交,相伴相依。我们一起寄宿在小不列颠,每周需付三先令六便士的住宿费,这是我们当时所能承受的最高费用。他在伦敦有些亲戚,不过那些亲戚都很穷，帮不上他的忙。他告诉了我他的打算——他准备留在伦敦，不再返回费城。此时他已经囊中空空，所有的钱都付了旅费。我还有十五个金币，他外出谋差事时，间或向我借点钱以维持生活。起初，他想进剧院，以为自己适合做演员。不过当他向威尔克斯应聘时，威尔克斯坦诚地建议他不要继续想着做演员，说他不可能取得成功。之后，威尔克斯找到了帕特诺斯特街的出版商罗伯茨，建议为他编写一份类似《旁观者》的周报，并提出了一些附加条件，可是对方没有同意。后来，拉尔夫设法寻找抄写员的工作，为圣殿教堂附近的文具商和律师抄写文件，但也没能找到空缺的职位。

我很快就在当时著名的帕默印刷所找到了工作。这家印刷所位于巴塞洛缪街，我在这里工作了将近一年。我工作非常勤勉，不过由于经常与拉尔夫一起去剧院及其他娱乐场所，所以花了不少钱。我们一起花光了所有的金币，现在仅靠薪水勉强糊口。他似乎全然忘记了妻子孩子，我也逐渐淡忘了与瑞德小姐的约定，我只给她写过一封信，还是告诉她我无法很快返回费城。这是我人生犯下的另一个严重错误，如果能够重新再活一次，我希望能够更正这个错误。事实上，由于我平时花费较大，所以一直支付不起返程的旅费。

我在帕默印刷所工作时，为渥拉斯顿的《自然宗教》第二版排字。我觉得他有些论证没有充分的依据，于是就写了一篇较为片面的短文对《自然宗教》进行评论，题为《论自由与必然，快乐与痛苦》，并将此文献给我的朋友拉尔夫。我还印刷了几册。帕默先生认为小册子里的那些观点十分可憎，还就此严肃地对我提出忠告。不过此事使得帕默先生愈发觉得我是个有些聪明才智的年轻人。我印刷这本小册子，是另一个错误。我住在小不列颠时，认识了隔壁书店的老板威尔科特斯，他收集了大量旧书。那时，流动图书馆还没有投入使用。我和威尔科特斯约定，遵照某些合理条件，我可以借阅他的任何书籍，看后就归还。我认为这是极其有利的条件，就尽量加以利用。

里昂是一名外科医生，也是《人类判断的不谬性》这本书的作者。他不知从哪里看到了我的小册子，由此与我结识。他很赏识我，常来看我，与我讨论这类问题。他带我去了齐普赛街的一家名为霍恩斯的麦酒酒馆，介绍我认识了《蜜蜂的寓言》一书的作者曼德维尔博士。曼德维尔在酒馆成立了一家俱乐部。他相当幽默风趣，是俱乐部的灵魂人物。里昂还介绍我认识了彭伯顿博士。彭伯顿承诺找个机会将我引荐给艾萨克·牛顿爵士。我非常希望有机会见见牛顿博士，可惜的是，我一直没能见到他。

我从美洲带来了一些古董，其中最有价值的是一个经过了火烧纯化的石棉钱包。汉斯·斯隆爵士听说了这件事，前来邀请我去他家。他在布卢姆斯贝里广场的家中，向我展示了自己收集的所有古董。他劝我将那个钱包转让给他，纳入他的收藏。他为此慷慨地支付给我一大笔钱。

我们的房子里还住着一位年轻的女帽商。这位女帽商好像在修道院街有家店面。她受过良好的教育，很有教养，通情达理，活泼开朗，谈话时令人非常愉快。拉尔夫晚上经常为她朗读戏剧，他们的关系变得愈发亲密。后来，她搬了住处，拉尔夫也随她而去，同住了一段时间。可是拉尔夫没有工作，她的收入又不够养活拉尔夫和自己的孩子，无奈之下，拉尔夫决定离开伦敦，试图去乡村学校找一份教师的工作。他写得一手好字，还精通算术和簿记，自认为具备当教师的资格。不过，他认为当教师贬低了自己的身份。他确信自己将来会飞黄腾达，那时不愿意别人知道自己曾从事过这么卑微的职业，于是便改了名字，采用了我的姓名。这真是我的荣幸。他很快给我写来一封信,说他在一个小乡村安顿了下来。他应该是在伯克郡,教十几个孩子阅读和写作,周薪六便士。他托我照顾T夫人,让我给他写信,收信人写富兰克林老师。

他继续坚持写作,那时正在创作一首史诗,经常将其中的章节寄给我,征询我的意见,让我给予修改。我不时给他回信,提出评论意见,不过还是努力劝他放弃写诗。当时恰逢班扬发表了一首讽刺诗,我将其中一大部分抄下来寄给他,这部分尖锐地讽刺了那些几乎毫无希望成为诗人的人追逐诗歌的愚行。不过一切都是徒劳,他每次来信依然附有诗歌。这段时间T夫人由于他的缘故,失去了朋友,生意也不景气,生活经常陷入穷困,时常请我过去,借些钱以解燃眉之急。我愈发喜欢有她做伴。我那时不受宗教约束,自知她依赖我,企图与她建立亲密关系。这是我人生的另一个错误。她严词拒绝,愤恨起我来,将我的所作所为告诉了拉尔夫。结果,我和拉尔夫关系破裂了。他后来再次回到伦敦时告诉我,他觉得我的这一作为抵销了我过去对他的所有恩惠。我明白,我再也指望不上他还我钱了。不过,这在当时已经没有什么意义了,因为他完全没有能力偿还。我失去了他这个朋友,反而少了一份负担。这时我开始考虑存点钱了，也希望得到更好的工作，于是便离开了帕默印刷所，去了瓦特印刷所。瓦特印刷所位于林肯因河广场附近，比帕默印刷所规模更大。我后来一直在这里工作，直至离开伦敦。

我刚进这家印刷所时，自认为缺乏体力锻炼，就从事了排印工作。我在美洲时习惯了体力锻炼，那里的印刷与排字并未分开。我只喝水，其他约莫五十个工人却都是酒桶。他们喊我"喝水的美洲人"。有时，我双手各拿一套大号铅字上楼下楼，其他人的双手却只能拿一套。他们从这些例子中惊讶地发现，"喝水的美洲人"竟然比喝烈性啤酒的他们还要强壮！有个酒馆的伙计总是来印刷所给工人们送酒。我有个工作搭档，他每天早饭前喝一品脱酒，吃早餐时就着面包和奶酪喝一品脱，半上午喝一品脱，中午喝一品脱，下午六点左右喝一品脱，做完一天工作再喝一品脱。我觉得这是个恶习，但他却觉得，只有喝烈性啤酒自己才会足够强壮，才能做体力工作。我试图让他相信，啤酒所供应的体力仅与制作啤酒的水中所溶解的谷物或面粉含量成正比，一便士的面包比一便士的啤酒含有更多的面粉，如果他就着一品脱水吃一便士的面包，体力会比喝一夸脱啤酒更加旺盛。然而，他仍然继续喝酒，每周六晚拿出四五先令薪资来买那让人眩晕的啤酒，而我就不必花这笔钱。为了喝酒，这群可怜的人总是入不敷出。

几周后瓦特将我调往排字室，于是我离开了这些印刷工。对排字工们说，我是新来的，要我交五先令酒钱，我认为这是勒索，而且我在印刷室时已经付过这笔钱了。我师傅也这么认为，让我不要付。我反抗了两三周，被排挤在集体之外，私下里经常受到他们的捉弄。我离开排字室一小会儿，他们就会打乱我的铅字，颠倒我的页码，破坏我的印刷材料等等。他们还说，新来的人不遵守规矩，这是鬼怪在找我麻烦。我发现尽管师傅维护我，我也必须拿出这笔钱，因为我知道要继续与这群人待在一起，不与他们处好关系将是一件非常愚蠢的事情。

此时我已与他们平等相处了，很快就变得颇有影响力。我提议对印刷所的章程进行合理更改，并以多数票压倒反对意见通过了修改后的章程。由于我的缘故，他们中很大一部分人，放弃了啤酒、面包和奶酪混杂在一起的早餐。他们发现可以和我一样，在附近买一大碗热腾腾的撒有胡椒的稀粥，以及一片涂有黄油的面包。这样的早餐价格与一品脱啤酒一样，只要一便士半。这样吃更舒适，也更便宜，还使头脑更加清醒。那些继续整天喝啤酒的人，常常由于没有钱付费而失信于酒馆，求我帮忙担保买酒。按照他们的说法，他们的生命之光正在熄灭。我星期六晚上查看账单发现，我一周为他们担保的酒钱，有时将近三十先令。由于这方面的原因，加上我非常幽默诙谐，我在这群人中颇有影响力。我从不缺勤，师傅也很赏识我。此外，我排字速度非常快，被指派负责价格更高的急件。我在这里过得非常愉快。

小不列颠离我工作的地方太远了，于是我在伦敦公爵街找到了新的住处，就在天主教教堂对面。那是意大利人开的一家货栈，我住在三楼后室。房东是个寡妇，她有一个女儿，还有一个女佣人，另外还有一个工人负责看管货栈，不过这个工人住在外面。她派人去我原来的住处，打听过我的为人后，同意将房子租给我，每周租金为三先令六便士。租金之所以这么低廉，照她的说法，是因为她觉得房子里住个男人更安全。她已经上了年纪。她父亲是牧师，将她培养成新教徒，不过她十分崇敬自己的丈夫，后来受丈夫影响改信天主教。她曾与许多知名人士来往，知道许多关于这些人的奇闻轶事，有些还是发生在查理二世时代的事情。她患有痛风，腿脚不方便，很少出房间，有时想要有个伴。她谈吐十分风趣，所以只要她需要我陪她聊天，我就会陪她聊一晚上。我们晚餐时每人仅吃一小片涂有黄油的面包和半条鳀鱼,再一起喝半品脱麦芽酒。最有趣的是与她谈话。我作息时间非常规律,几乎从不给她们添麻烦,所以她不愿让我搬走。后来我听说了另一个住处,那里离我上班的地方更近,每周租金仅要两先令。我当时正在攒钱,就寻思着搬到那里去。她听说后立马给我减了两先令的房租,让我不要想着搬家。我在伦敦期间一直住在她那里,每周租金只有一先令六便士。

她家阁楼里住着一位深居简出的七十岁高龄的老姑娘。房东向我讲述这个老姑娘的故事。她信奉罗马天主教,年轻时出过国,住在国外一家女修道院,想成为一名修女。由于在国外住不惯,她又回到了英格兰。英格兰没有女修道院,她发誓要过最贴近修女的那种生活。她将所有财产都做了慈善事业,每年仅留十二英镑作为生活费,不仅如此,她还将很大一部分的生活费也用于慈善事业,仅靠稀粥维持生存,除了煮粥,从不生火。她在阁楼住了好些年。接连几个房东都很宽宏大量,允许她免费住在那里,因为房东们觉得这是一种福气。每天都有一个牧师前来听她忏悔。我的房东说:"我问过她,她的生活这么简单,怎么还有那么多需要忏悔的呢?""噢,"她答道,"不可能杜绝无用的思想。"有一次，她允许我前去拜访。她看起来很愉快，也很有礼貌，与我亲切地交谈。她的房间很干净，没什么家具，只有一张床垫、一张桌子和一张凳子。桌上放着一个十字架和一本书。烟囱上方挂着一幅画，画上圣维罗妮卡正在展示她的面纱，面纱上不可思议地印着耶稣受难时流血的面庞。她严肃认真地向我解释了这幅画。她看起来脸色苍白，不过从未生病。我认为这个例子也表明，维持一个人的身体健康只需多么微薄的收入。

我在瓦特印刷所结识了一位才华横溢的年轻人怀亚特。他有一些富有的亲戚，接受的教育比大部分印刷工都要好。他热爱阅读，法语流利，拉丁语也说得不错。我教他和他的一个朋友游过两次泳，他们很快就游得很好了。他们引荐我认识了一些绅士。我们和这些绅士一起从水路前往切尔西，去参观那里的学校，欣赏唐·索尔特的古董。在回程的途中，怀亚特说我是个游泳好手，这激起了大家的好奇心，大家请我一展身手。我脱去衣服跳进河中，从切尔西附近一直游到布莱克法尔。一路上，我在水里展示了许多花样，让这群人大开眼界。他们对我的游泳本领赞不绝口。

我还是个孩子时就很喜欢这种运动。我研究并练习了游泳健将泰弗诺的全套动作和姿势，还加入了一些自己的动作,争取做到姿势优雅、体力节省、轻松实用。我借此机会将这一切都表演了一番,博得了大家的赞赏,我自己也非常高兴。怀亚特想要成为游泳高手,于是就更加看重我。此外,我们还都喜欢学习。他后来提议我们一起游历欧洲,沿途做些印刷工作来支付旅途费用,我很赞成他的提议。闲暇时间我经常与好朋友德纳姆先生在一起,就把此事告诉了他。德纳姆先生劝我不要这么做,建议我回宾夕法尼亚州。他说,他也正打算回去。

德纳姆先生是个好人,我必须介绍一下他的品质。他原本在布里斯托尔经商,生意失败后欠下了许多债务,在与债主们达成协议后回到了美洲。他在美洲专心经商,几年内积下了一大笔财产。他与我乘坐同一艘船回了英格兰。他回到英格兰后,尽情款待了旧日的债主,感谢他们的宽宏大量。那些债主只是来吃饭,并未指望拿到欠款,但是,债主们吃饭时发现碟子下面都压着支票。德纳姆先生不仅偿还了所有的欠款,还支付了这段时间的利息。

德纳姆先生告诉我,他正准备回费城,还会带一大批货物回去开设商号。他承诺聘我为职员,让我负责记账、抄写信件以及看店。他补充道,等我熟悉了业务,就让我负责航运,将面粉、面包等货物运往西印度群岛,还答应帮我找机会顺道替他人代运货物来赚钱。他说,如果我经营得法,应该能发家致富。他的提议正合我意,我已经开始厌倦伦敦了,想念在宾夕法尼亚州的快乐时光,希望重回故地。于是,我立即同意了他的提议。他付我的年薪为五十英镑,这实际上低于我现在的收入,不过这份工作更有发展前途。

我告别了印刷业,那时我还以为是永别呢!我开始了新的工作,每天和德纳姆先生一起采购货物、监督货物包装、出外办事跑腿、督促工人尽早完工等等。所有货物都装上船后,我才有几天空闲时间。有一天,发生了一件出乎意料的事——大人物威廉·温德姆爵士差人邀请我。我只听过这个人的名字,并不认识他,但是,我还是登门拜访了。他不知从哪里听说了我从切尔西游到布莱克法尔的事,还听说我仅用几个小时就教会了怀亚特和另一个年轻人游泳。他的两个儿子即将启程旅行,他希望他俩先学会游泳。他说如果我愿意教他俩的话,他会好好酬谢我的。他的两个儿子此时还未到达伦敦市里,我又不知自己能够在此逗留多久,所以没法应承此事。不过,这件事让我萌生了一个想法:我若是继续留在英格兰的话,可以开办一家游泳学校,估计能赚不少钱。这件事对我影响很大，若是早些发生的话，或许我不会这么快回美洲。多年之后，为了更重要的事情，我与威廉爵士的一个儿子有过来往。那时，他已经是埃格雷蒙特伯爵了。我将在后文详述此事。

就这样，我在伦敦待了约一年半。大部分的时间我都在勤勤恳恳地工作，除了花钱看戏剧和买书外，我在自己身上花钱不多。我的朋友拉尔夫一度使我的生活捉襟见肘，欠我大约二十七英镑，而且绝不可能还给我了。我收入微薄，这可是一大笔钱呀！尽管如此，我还是喜爱他，他有许多令人愉快的品质。我在伦敦没有赚到什么钱，不过倒认识了一些颇有才智的朋友，与他们的谈话令我受益匪浅。此外，我还阅读了大量书籍。

1726年7月23日，我们从格雷夫森德乘船启航。至于航行中的事情，我都详尽地写进了日记。航行中最重要的事情，应该是我的计划。我在海上制定了这个计划，以便规范我将来的行为。鉴于我做计划时还如此年轻，而且直至晚年我都一直忠实地遵循计划，这份计划就更加不同寻常了。

10月11日，我们在费城登陆。我发现这里发生了一些变化。基斯被戈登上校取代，不再担任总督。我在街上遇到基斯，他完全就像个普通市民。他看到我似乎有些尴尬，招呼都没打就擦肩而过了。瑞德小姐接到我的信后，她的朋友们推测我不会再回来了，都劝她另嫁他人。我在伦敦逗留期间，瑞德小姐嫁给了一个名叫罗杰斯的制陶工人。若非如此，我见到瑞德小姐，也会如基斯见到我一般尴尬。不过，瑞德小姐和罗杰斯在一起并不幸福，很快就与他分开了，不再与他一起居住，也不再使用他的姓氏。听说罗杰斯现在又娶了一个妻子。瑞德小姐的朋友们看重罗杰斯有一手好手艺，却不料罗杰斯是个一无是处的丈夫。他负债累累，1727年或是1728年逃往了西印度群岛，后来死在了那里。凯默找到一处更好的房子，开了一家文具店。店里的文具种类繁多，生意似乎不错。他有许多伙计，却没有一个是能干的。

德纳姆先生在沃特大街开了一家店面，出售我们从英国运来的货物。我勤勤勉勉地工作，照看生意，学习做账，很快就学会了做买卖。我与德纳姆先生一起吃住，他像父亲一样给我忠告，待我十分真诚，对我十分尊重。我也敬重他，爱戴他。我们本可快乐地继续相处，不幸的是，二月初，我刚过完二十一周岁的生日，我们俩都病倒了。我患了胸膜炎，差点丧命。我被疾病折磨了很久，心里产生了放弃的想法，后来我发现自己开始康复，反而有些失望，也有些遗憾，因为我迟早还必须再一次忍受死亡的折磨。我忘了德纳姆先生得的是什么病，总之他病了很久，后来还是去世了。他口头赠予我一小笔遗产以示对我的友好感情，然后就将我一个人留在了这广阔的世间。他的遗嘱执行人接管了店铺，我再次失去了工作。

我姐夫霍尔姆斯那时也在费城，他建议我重做老本行。凯默也来找我，表示愿意付我更高的年薪，让我帮他管理印刷所，这样他就能更好地照看文具店。我在伦敦时从凯默的妻子和她的朋友那里听说凯默品行不端，不想与他再有瓜葛。我试图找一份商店职员的工作，可是一时找不到，最后只好答应了凯默。凯默的印刷所里有一些伙计，休·梅雷迪斯，来自威尔士，宾夕法尼亚人，三十岁，会做庄稼活。他诚实正直、通晓事理、观察力强，比较喜欢读书，也喜欢喝酒。斯蒂芬·波茨，来自乡下，已经成年，也会做庄稼活。他天赋不凡、机智幽默，行为却有点懒散。凯默付给他们的周薪非常低，承诺一旦他们业务水平见长，每隔三个月就会给他们涨一先令的薪资。凯默利用未来的高薪吸引他们，让他们在印刷所当起了伙计。凯默答应将梅雷迪斯培养为印刷工，将波茨培养为装订工，尽管凯默自己既不会印刷也不会装订。约翰是一个什么也不会的爱尔兰人。凯默从一个船长那里买来了约翰四年的服务期限，准备将他培养为印刷工。乔治·韦伯是牛津大学的学生。凯默也买了他四年的服务期限，准备将他培养成排字工人。还有大卫·哈里，一个乡下孩子，在这里当学徒。

我很快明白了凯默为什么高薪聘我回来——他想让我教会这些没有经验的廉价雇工。一旦我教会了他们，即使没有我，印刷所也能正常运转。而这些雇工因为受到契约的约束，无法随时离职。尽管如此，我还是欣然继续工作。此前印刷所管理很混乱，我让印刷所走上了正轨。我教这些伙计专心工作，提醒他们将工作做得更好。

乔治·韦伯本是牛津大学的学生，还不满十八岁，竟然沦落到卖身为仆的境地，真是一件稀奇的事情。他告诉了我他的故事。他出生在格洛斯特，在当地语法学校学习。他在学校表演喜剧时，表现特别出色，在学生中很有名气。他还是学校幽默社的成员，写过诗歌和散文，曾在格洛斯特的报纸上发表了这些作品。后来他被牛津大学录取，在那里学习了大约一年。他对那里不怎么满意，特别想去伦敦看看，想要成为演员。终于，机会来了。有一次，他领到了15金币的季度补贴，他没有把这笔钱拿去还债，而是带着钱走出了牛津镇。他将校服藏进荆豆丛，徒步前往伦敦。他到了伦敦，举目无亲，没有亲友指导，不幸结识了损友，很快就花完了金币，既找不到进入演员圈的门路，又身无分文，只好典当了衣物，后来连面包也没得吃。他饥肠辘辘地走在街上，不知何去何从，这时他收到一张招工广告，上面说只要愿意签约去美洲工作，就能立即受到款待。他立即签了契约，漂洋过海，来到了美洲。他从未写信告诉过朋友们自己的境况。他活泼机智，善良温和，常给人带来欢乐。不过，他的行为有些懒散，做事也极度鲁莽。

那个爱尔兰人约翰不久就逃跑了。

我与其他人相处得非常愉快，他们都很尊敬我。他们发现从凯默那里学不到什么，而从我身上则每天都能学到一些新东西。周六是凯默的安息日，我们可以不工作，这样我每周都有两天阅读的时间。我认识了更多富有聪明才智的人士。凯默自己对我彬彬有礼，看起来也很尊敬我。我没什么不安的，除了一件事，那就是欠弗农的债。尽管我一直很节俭，可是依然无力偿还。不过，弗农非常和善，并未催我还款。

我们印刷所经常缺少铅字，那时美洲还没有铸字工。我在伦敦时，曾在詹姆斯那里见过浇铸铅字，但当时没有特别在意，不知道该如何浇铸。我自己设计了一个模具，利用现有的铅字作为打印器，打击铅制的矩形铸模，满足了印刷所对铅字的需求，效果相当不错。我有时也雕刻一些东西，自己制造油墨，还管理仓库等等，总之，我什么杂活儿都做。

然而不管我能做多少工作，我还是发现自己越来越不重要了，其他伙计业务能力越来越强。凯默付我第二季度的薪水时，说他觉得这些薪水太高了，我应该少要点。他待我没以前那么殷勤了，逐渐摆起了老板的架子，常常找茬，吹毛求疵，似乎随时准备与我翻脸。尽管如此，我还是很有耐心，心想这或许是由于他财力不支的缘故。最终，一件琐事导致我们关系破裂了。当时附近的法院传来巨大的噪音，我把头伸到窗外，看看发生了什么事。凯默在街上，抬头看见了我，愤怒地大声指责我，让我管好自己的事情，还说了一些非难的话。他当众羞辱我，这让我十分恼火。当时在场的所有邻居，都看到了他训斥我的情形。他还立刻冲回印刷所，继续与我大声争吵，声音都穿透了两边的墙壁。他当即提出要与我解除合约。根据我们先前的约定，他如果要解除合约必须提前三个月告知我，于是他说真希望当初没定三个月那么久。我立即反驳他，让他不必懊悔，我现在就想离开。然后，我拿上自己的帽子，走出了印刷所的大门。我走到楼下，遇到了梅雷迪斯，让他照看我在印刷所里的东西，帮忙把那些东西送到我的住处。

梅雷迪斯晚上来到了我的住处，我们一起讨论了我的事情。他很尊重我，不愿意看我离开，而自己却继续留在印刷所。我起初想回波士顿，他劝我不要回去。他提醒我要全面分析一些事情：凯默如今债务缠身，资不抵债，那些债主开始变得不安起来；凯默的文具店经营不善，经常为了拿到现金而亏本出售，还常常赊货不记账，因此，凯默肯定会破产。这样一来，我就有了机会。我反对道，我手头没有钱。他告诉我，他的父亲很看重我。他从与父亲的谈话中揣摩出了父亲的心思，如果我肯与他合伙，他父亲肯定愿意资助我们开业。他说："我与凯默的合同春天就到期了，那时我们可以从伦敦买回印刷机和铅字。我清楚我对印刷不怎么在行，所以，如果你愿意的话，你出技术我出资金，咱们一起经营，所得收益一人一半。"

我欣然同意了这个计划。他父亲此时正在城里，也表示赞同。他发现我对他儿子影响很大，看到儿子很久都没喝酒了，就更为赞同了。他希望我们的关系变得更为亲密，希望他儿子能够根除喝酒的恶习。我列了一张清单交给他父亲。他父亲把订单交给一个商人，让他去订货、操办。我们约定在设备抵达费城之前先保守秘密。与此同时，我最好能在另一家印刷所找个工作，但我发现那家印刷所没有空缺的职位，所以就闲了几天。

凯默得到一个机会，有可能为新泽西州印刷纸币。这项工作需要多个雕版和各种各样的铅字，而这些工具只有我才能做出来。凯默担心布拉福德雇用我，会抢了他的生意，于是就给我写了一封非常谦恭的信，说多年的老朋友不该为几句气话而分道扬镳，希望我能回印刷所。梅雷迪斯劝我答应，这样我每天就能有更多的机会指导他，让他的业务提高得更快。所以，我又回到了印刷所，这次和凯默的相处较之以前要和睦一些。凯默拿到了为新泽西州印刷纸币的业务，为了完成这项工作，我设计了一台凹版印刷机，这在美洲还是第一台。我还为纸币刻了一些装饰图案和防伪标识。我们一起去了柏林顿，在那里进行印刷工作。新泽西政府的人对我们的工作非常满意。凯默从这项生意中获得了一大笔收入，又勉强维持了一段时间。

我在柏林顿认识了许多显要人士。州议会指派一些人组成了委员会，负责印刷监督工作，确保我们按照法律规定的纸币数量进行印刷，不擅自增加印刷数量。这些人轮流来监督我们,通常还会带一两个朋友做伴。我读过不少书,比凯默更有思想,或许正是这个缘故,我的谈话才更有价值。这些人请我去家里,将我介绍给他们的朋友,对我非常礼貌。凯默虽是老板,反而被忽略了。事实上,凯默是个非常古怪的人,他不懂得公共生活的规则,喜欢粗鲁地驳斥那些广为人们接受的观点,穿衣肮脏邋遢,对某些宗教信条异常狂热,而且还有点无赖。

我们在柏林顿待了差不多三个月,那时我已结识了一些朋友:艾伦法官、州议会秘书塞缪尔·巴斯蒂、艾萨克·皮尔逊、约瑟夫·库柏、史密斯家族的几位议会议员以及测量局局长伊萨克斯·德考。伊萨克斯·德考是个机敏聪慧的老人,他告诉我,自己年轻时为砖匠推车运泥土,直到成年之后才学会写字。他还为教他测量的测量员扛过测链,现在他在该领域地位颇高。他说:"我预见你很快就会把你的老板淘汰出局,你将为费城的印刷行业创造大笔财富。"他当时完全不知我打算在费城或是其他地方开业。这些朋友后来给予了我许多帮助,我偶尔也能为他们中的一些人帮上一些忙。他们终生都很尊重我。

在讲述开业之前,最好先说说我那时的思想,讲讲我的原则和道德观念，这样，你就能了解思想对我未来的人生具有多么深远的影响。我还小的时候，父母就给我灌输了宗教观念，在我的童年时期，父母引导我虔诚地信奉非国教宗教。但是，我在还不到15岁时就读过几本不同的书，发现书中有些宗教观念相互矛盾，于是就对宗教产生了怀疑，后来开始怀疑《启示录》本身。我读到了一些反对自然神论的书，据说这些书正是博伊尔的布道演讲的精髓。这些书对我产生的影响，恰好与作者的意图相悖。书中引用了一些自然神论者的观点，对其进行反驳，然而在我看来，这些引用的观点比书中的反驳更为强劲有力。总之，我很快就变成了彻底的自然神论者。我的观点还对其他人产生了一些消极影响，尤其是柯林斯和拉尔夫。不过他们两人后来都让我吃了不少苦头，而且还完全不觉得内疚。我想起基斯对我所做的事情，他也是个自由思想者。我又想起我对弗农和瑞德小姐的所作所为，常常感到非常不安。尽管自由神论或许是正确的，可是我还是开始怀疑这些教义是否特别有用。我在伦敦时写的那本小册子，引用了德莱顿的诗句：

存在即合理。

> 虽然半瞎之人只见链条的部分,
> 只能看见距离自己最近的链环。
> 他的双眼无法触及,
> 高空中那平衡一切的公平秤。

我在小册子中,从上帝的品质,从他无限的智慧、善良以及权力中得出结论——世界上不存在错误的东西,善与恶是一种虚无的区分,它们根本不存在。我当初以为,做出这一论断,十分明智,现在看来,并非如此。我怀疑可能有一些尚未觉察到的错误潜入了论断,影响了之后的所有观点。这种情况在行而上学的推理中很是常见。

我愈发相信,在人与人的相处中,诚实、真挚和正直对幸福至关重要。我将自己的决心记在日记里,并且终身践行。事实上,对我而言,《启示录》并非如此重要。不过我认为,尽管不能因为《启示录》禁止某些行为就断定这些行为是恶行,也不能因为《启示录》提倡某些行为就认为这些行为是善行。但是,或许正是因为综合考虑一切因素,某些行为在本质上对我们有害,所以《启示录》才加以禁止,某些行为在本质上对我们有益,所以《启示录》才加以提倡。尽管我没有父亲的管教和忠告，可是我怀着这一信念，又蒙得上帝抑或某个守护天使的眷顾，又或由于恰巧身处顺境，又或由于所有这一切，我还是得以安全度过了危险的青年期，有时在陌生人之中陷入险境最终也能脱险。人们或许认为我不信奉宗教，可能会存心做些邪恶之事，然而我并未如此。我之所以说"存心"，是因为我年轻、缺乏经验、轻易受到他人欺诈，所以此前提到的几件事存在一定必然性。由此看来，我处世立身的品格尚可。我中肯地评估了自己的品质，并且决心保持这样的品质。

我们回到费城不久，新的铅字就从伦敦运来了。我们与凯默结算了工资，经他同意后离开了印刷所，此时他还未听说我们已经从伦敦运来了铅字。我们在市场附近租了一所房子，开始着手开业。当时这所房子每年的租金仅为二十四英镑，后来我听说涨到了七十英镑。不过我们为了进一步降低租金，还是招了装玻璃的工人托马斯·戈弗雷一家合住。这家人承担了很大一部分租金，还承包了我们的伙食。我们刚拆开铅字，装好印刷机，我的朋友乔治·豪斯就带来了一个乡下人。乔治在街上碰到这个人，当时他正在找印刷所。此时，我们的所有现金都用来购置各种必需品了，这个乡下人所付的五先令，成为了我们的第一笔收入，来得正是时候。我从这五先令中得到的快乐,超过了后来赚到的任何一克朗。我对豪斯深怀感激,这促使我特别愿意帮助刚开始创业的年轻人。

每个地方都有一些凶兆预言者,他们总是绘声绘色地讲述毁灭。费城就有这么一个人,名叫塞缪尔·迈克。他很有名望,年岁颇高,看起来很有智慧,言谈十分严肃。我并不认识这位先生。有一天,他在我的门前停下,问我是不是那个新近开印刷所的年轻人。在得到我的肯定答复后,他说他为我感到惋惜,开印刷所很费钱,而这些钱将付诸流水,因为费城经济不景气,人们已经处于半破产的状态,或者濒临半破产的边缘。他认为,一切与此相悖的现象,如新建筑落成、租金上涨等都是虚假的表象。事实上,这些事物将很快与其他事物一起摧毁我们。他详述了当前的灾祸,以及即将降临的灾祸,让我生出一些忧郁。我若是在开张之前认识他,或许永远都不会开印刷所了。这个人继续住在这个正在衰败的地方,以同样的语调慷慨陈词。他认为一切都行将毁灭,因此多年来一直拒绝在这里买房子,但是,最后,我终于高兴地见他买了房子,房价是他最初开始预言凶兆时的五倍。

我本该在前面提到一件事情。前一年的秋天,我召集了大部分富有才干的朋友，成立了一个促进彼此进步的社团，取名"共读社"。我们每周五晚上会面。我起草的社规规定：每名社员应轮流至少提出一个道德、政治或自然哲学方面的问题，供大家一起讨论，且每三个月轮到的社员应该朗读一篇原创文章，文章主题自定。大家在主席的主持下展开辩论，辩论中应当忠实地遵循追求真理的精神，不可本着热爱辩论或执意取胜的精神进行辩论。一段时间之后，为了避免辩论过于激烈，我们又规定杜绝所有绝对的观点，也禁止直接进行反驳，如有违反将处以少量罚金。

共读社最初的成员包括：

约瑟夫·勃赖诺，公证事务所的抄写员。他是个中年人，友好善良，热爱诗歌，遇诗即读。他有时也写一些诗，而且写得还不错。他还擅长摆弄些小玩意儿，言谈颇有见地。

托马斯·戈弗雷，自学成才的伟大的数学家。他精通数学，后来发明了现在名为哈德利象限仪的仪器。但是托马斯对于数学之外的东西却知之甚少，也不是个讨人喜欢的同伴。他像我认识的大部分伟大数学家一样，期待每一句话都绝对精确，总是否定或者区分微不足道的表述，打断所有的谈话。他很快就离开了我们。

尼古拉斯·斯卡尔,土地测量员,后来成为了测绘局长。他热爱读书,有时也作诗。

威廉·帕森斯,热爱阅读,数学知识丰富。他最初为了研究占星术而学习数学,后来却对占星术大加嘲笑。他早期学做鞋匠,后来也成为了测绘局长。

威廉·莫格里奇,木匠,手艺相当精湛。他心地实在,通晓事理。

休·梅雷迪斯、斯蒂芬·波茨和乔治·韦伯。我此前已介绍过这三个人。

罗伯特·格雷斯,一位比较富有的年轻绅士。他慷慨大方,活泼诙谐,爱好使用双关语,热爱朋友。

威廉·科尔曼,当时是商店职员,年龄与我相仿。他是我见过的头脑最冷静、心肠最善良、道德最高尚的人。他后来成为颇有名望的商人,也是本州的法官。我们的友情一直延续了四十年,从未间断过,而且越来越好,直至最后他与世长辞。这个社团也持续了大约四十年,是当时本地区最优秀的哲学、伦理学以及政治学派别。我们总是在会上宣读质疑的话题,一周后再进行讨论。这使我们得以留心阅读与主题相关的材料,从而进行更为中肯的发言。我们还养成了更好的交谈习惯。我们充分、仔细地研究社规,避免社员产生相互厌恶的情绪。正是由于这个缘故,社团才延续了这么长时间。我以后还将多次提到这个社团。

我在此介绍这个社团,是为了说明它给我带来的一些益处。每个社员都努力为我们介绍生意,尤其是勃赖诺,他帮我们争取到了印刷贵格会的史料的生意。我们印刷四十印张,凯默印刷其余部分。这单生意我们做得极其辛苦,价格却非常低廉。这是对开本,正文为十二磅字号,注释为十磅字号。我每天排一印张,梅雷迪斯负责印刷出来。我为了拆版准备第二天的工作,常常工作到晚上十一点,有时还会更迟。其他朋友也不时给我们介绍些零活,拖延了这项工作的进度。不过我下定决心每天完成一印张。有天晚上,我装好了版,满以为结束了一天的工作,不料,一不小心碰坏了其中一个,两页铅字都乱了,我立即拆版,重新排字,之后才去睡觉。对于我们的勤勉,邻居们有目共睹,于是我们的名誉和声望逐渐提升。我听说在商人们聚会的"每晚俱乐部",大家普遍认为费城已经有了凯默和布拉福德两家印刷所,新开的印刷所肯定会倒闭。但是拜尔德却不这么认为,他说:"富兰克林是我见过的最勤勉的人。晚上,我从俱乐部回家时见他仍在工作;早晨,他的邻居们还在酣睡,他就开始工作了。"这番话震惊了其余的人。其中一人很快提议让我们为其代销文具，不过我们还不打算做此类生意。

我直率地详述自己的勤勉，似乎是在自吹自擂，其实我的目的不过是，希望阅读自传的后人们见我得益于勤勉，能够意识到这项美德的价值。

乔治·韦伯交了女友，从她那里借钱跟凯默赎了身，现在来我们这里找工作，但是我们那时还无法雇用他。我愚蠢地告诉了他一个秘密，即不久以后我打算办一份报纸，那时或许能够为他提供一份工作。我告诉他，我觉得办报能够成功，那时仅有布拉福德一家办报，那份报纸质量不怎么样，运营也不怎么样，内容枯燥无趣，却还是能够盈利，所以我认为办一份优质的报纸很可能会取得成功。我请韦伯为我保守秘密，但他却告诉了凯默。凯默为了抢在我的前面，立即公布自己准备办一份报纸的消息，还雇用了韦伯办报。我对此愤愤不平，想要阻挠他们，可是我自己又不能立即开始办报，于是就为布拉福德的报纸写了几篇题为《好事之徒》的有趣文章。后来，勃赖诺也连续几个月以此为题在报上发表文章。我们通过这种方式，将公众的注意力吸引到了布拉福德的报纸上。我们讥讽嘲弄凯默的计划，公众们也对该计划不屑一顾。然而，凯默还是办起了报纸，经营了九个月，订户至多也只有九十人。后来，他将报纸廉价转让给了我，那时我早已做好了准备，立即接手过来。没过几年，这份报纸就为我带来了丰厚的利润。

我意识到虽然梅雷迪斯仍是我的合伙人，可是我常用"我"，而非"我们"，这或许是因为，事实上主要是我在经营印刷所。梅雷迪斯不会排字，印刷也不怎么在行，而且总是醉醺醺的。我的朋友常因我与他合伙而为我惋惜，不过我还是尽力而为。

我们的首份报纸与宾夕法尼亚此前的任何一家报纸都迥然不同——不仅字体清晰，而且印刷精美。当时伯内特总督与马萨诸塞议会不和，我就此事撰文发在报上，文中一些激烈的言论引起了显要人物的注意。他们常常议论这份报纸和其经营者，没过几周，这些显要人物都订阅了我们的报纸。

其他许多人也跟随他们一起订阅了我们的报纸，我们的订户数量不断增加。这是我会写点文章所带来的第一个好处，还有一个好处：显要人物们见如今一个手中拿笔的人还掌管着一份报纸，认为应该施些恩惠加以鼓励。布拉福德仍然在承印选票、法律文书以及政府的其他材料。他印刷了州议会给总督的请愿书，请愿书不仅印制粗劣而且错误百出。我们将之重新印刷，并将精美无误的印本给每个议员都寄了一份。议员们立即就发现了差别，我们在议会中的朋友又极力推荐我们，最终议会投票选择我们负责来年的印刷工作。

在州议会的朋友中，我绝不会忘记汉密尔顿先生。我此前提过他，他已从英格兰回来了，是州议会的议员。他在这件事情上给予了我极大的支持，而且毕生都给我提供了诸多帮助。

约莫是在这时候，弗农先生提醒我，我还欠他一笔债务，不过他并没有逼迫我马上偿还。我给他写信坦承此事，请他宽限一段时间，他答应了我。后来，我一有偿还能力，就连本带息地还给了他，并且向他表示了感谢。如此一来，我在一定程度上纠正了这个错误。

此时，我却出乎意料地遇到了麻烦。梅雷迪斯先生的父亲原本承诺为印刷所提供资金支持，可是现在却只能先付一百镑。付过这一百镑后，我们还另欠商家一百镑，商家等不及了，就起诉了我们所有人。我们付了保释金，但是我们心里明白，如果无法及时筹到钱，案件就会判决执行，那么我们对未来的美好憧憬就会破灭。我们自己也会破产，届时将不得不卖掉印刷机和铅字还债，到时候或许只能半价出售这些印刷设备。

在此危急关头,我永远也不会忘记给予我帮助的两位善良真挚的朋友。他们分别找到我,说愿意为我垫付所需资金,并且建议,如果可行的话,希望我能独自掌管印刷所的生意。我并未主动就此事求助过这两位朋友,他们也不知对方提出要帮助我。不过他们希望我不要继续与梅雷迪斯合伙了,说常看见他在街上喝得烂醉,在酒馆里玩低级游戏,败坏我们的名声。这两位朋友分别是威廉·科尔曼和罗伯特·格雷斯。我告诉他们只要梅雷迪斯还有可能履行合约,我就不能解除合伙关系。我认为基于梅雷迪斯父子先前的付出及未来可能的付出,我对他们负有相应的重大责任。不过如果他们最终无力履约,我们不得不解除合伙关系的话,那时我应该可以自由接受朋友的帮助。

这件事就这么搁置了一段时间。后来,我对合伙人梅雷迪斯说:"或许你父亲不满意你在合伙关系中所担当的角色,因而不愿意为你我预付这笔款项。如果你独自经营印刷所,他或许就愿意为你预付这笔资金。若是如此,请对我直说,我会将一切留给你,自己另立门户。"

梅雷迪斯答道:"并非如此。我父亲的确感到失望,但最主要的原因是他真的无力支付,我也不愿意再让他为此事烦恼。我明白自己不适合做印刷生意。我从小就在乡下学习农活，三十岁来到城里当学徒，学习一个新的行业，这本身就是一件蠢事。我们许多威尔士人都准备去北卡罗来纳定居，那里土地非常便宜，我也想与他们同去，做我的老本行。你或许能够找到朋友帮助你。如果你愿意独自承担印刷所的债务，归还我父亲预付的一百英镑，付清我欠下的零星私债，另付我三十镑，再给我一副新马鞍，那么我愿意退出合伙关系，印刷所全部归你所有。"我同意了他的提议，立即起草书面协议，双方签字盖章。我满足了他的要求，他很快就去了卡罗来纳。第二年，他从那里给我寄来两封长信，详细介绍了那里的气候、土壤、农业等情况，他对这些事情非常在行。我将这两封信刊登在报纸上，它们很受广大读者的欢迎。

他一离开，我就找到了那两位朋友。我不愿选择其中一位为我预付欠款，就从两人那里各拿了半数，终于还清了印刷所的债务。我公开宣布已与梅雷迪斯解除合伙关系，以自己的名义独自经营印刷所。这件事发生在1729年前后。

大约就在此时，人们呼吁发行更多纸币。当时宾夕法尼亚的纸币发行额仅为一万五千镑，而且这一额度还在不断减少。富人们反对发行纸币，更反对增发纸币，担心这里的纸币将来会像在英格兰那样贬值，从而损害到债权人的利益。我们在共读社共同探讨了这个问题。我赞成增发纸币，因为1723年首次发行的少量纸币促进了贸易往来，增加了就业机会，还为宾夕法尼亚吸引了更多居民，带来了诸多好处。我发现原来的所有房子都有人居住，人们还在大量兴建新房子。我清楚地记得当年我第一次来费城，边吃面包卷边在街上瞎逛，发现在第二大街和前街之间的胡桃大街上许多房子门上都挂着"出租"的牌子，板栗大街以及其他街上也是如此。当时我还以为，费城的居民们正相继摒弃这座城市呢。

我们的辩论使我对纸币问题萌发了浓厚的兴趣，于是我匿名撰写了题为《试论纸币的性质和必要性》的文章，并且印制成了小册子。普通百姓很喜欢这本小册子，富人们却不喜欢。人们本就要求印制更多纸币，此时，这本小册子又起了推波助澜的作用。不过富人中恰巧没人能够撰文反驳小册子中的观点，增发纸币的反对声就逐渐减弱了。最后，增加纸币发行额的议案在议会中以多数票通过。我的议员朋友们认为，我在一定程度上促成了此事，所以应该雇我印制纸币作为奖赏。这单生意利润丰厚，对我帮助很大。这是我善于写文章获得的另一好处。

随着时间的推移，纸币的效用愈益明显，后来，此事已经不再存在什么争议了。纸币发行额很快就增加到了五万五千镑，到了1739年更是升至八万镑。此后直至战争时期，纸币的发行额一直在增加，最后高达三十五万镑。在此期间，宾夕法尼亚的商业贸易、房屋建筑以及居民数量也在不断增加。不过我现在意识到，发行纸币也有限额，超过限额可能会产生负面作用。

我很快又通过我的朋友汉密尔顿先生，接到了为纽卡斯尔印制纸币的业务。我当时认为这是一笔利润丰厚的生意。对于没有见过大世面的人来说，小事看起来也很了不起。这些小生意给我带来了诸多好处，最重要的莫过于极大地激励了我。汉密尔顿先生还介绍我为政府印刷法律文书和选票，我一直负责此项业务，直至后来不再做印刷生意为止。

我现在开了一家小文具店，店里出售各种各样的空白单据。这些单据由我的朋友勃赖诺设计，是当地格式最为规范的单据。此外，文具店里还出售纸张、羊皮纸以及账簿等等。我在伦敦时认识了怀特曼希，他是一名优秀的排字工。怀特曼希此时来到了印刷所，与我一起勤勤勉勉地工作。另外，我还收了阿奎拉·罗斯的儿子做学徒。

我开始逐步偿还创办印刷所所借的债务。我为了维护商人的良好声誉，工作勤勉，生活节俭，处处小心谨慎，避免败坏自己的名声。我穿衣朴素，从不出现在娱乐场所，也从不去钓鱼或是狩猎。事实上，我有时会因为看书而耽误工作，不过人们很少发现此事，也就没什么有损我的声誉的传闻了。有时为了表明自己做事脚踏实地，我特意将从店里买来的纸张放在独轮手推车上，沿着街道推车回家。人们由此认为我是一个勤勉上进的年轻人。此外，我还恪守信用，从不拖欠货款。进口文具用品的商人们欢迎我光顾，还有其他商家提议为我供应书籍。就在我的生意一帆风顺之时，凯默的生意却每况愈下，信誉也岌岌可危，最后被迫卖掉了印刷所用以还债。他后来去了巴巴多斯，在那里生活了多年，处境十分窘迫。

凯默的徒弟大卫·哈里购买了他的设备，在费城开办了印刷所。我在凯默那里工作时，曾教过大卫·哈里印刷。起初我担心哈里会成为一个强劲的竞争对手，因为他有一些十分能干、颇有权势的朋友。于是我提议与他合伙，不过被他轻蔑地拒绝了。后来事实证明，这对我来说其实是一件幸事。哈里非常自负，穿衣打扮一副绅士派头，经常在外寻欢作乐，生活奢侈糜烂。他负债经营，无心照看自己的生意，印刷所根本接不到什么活儿。他后来跟随凯默去了巴巴多斯，将印刷所也搬了过去。在巴巴多斯，这个学徒雇用了前任老板做伙计。不过，这两人常常发生争吵。哈里一直拖欠债务，最后被迫卖掉了铅字，回到宾夕法尼亚务农。那个购买设备的人继续雇用凯默，几年之后凯默去世了。

现在除了老对手布拉福德以外，我在费城没有其他竞争对手了。布拉福德生活富足，舒适安逸。他偶尔雇些零工做点印刷工作，不是特别在意这门生意。但是他掌管着邮局，人们认为他比我拥有更多的机会去获取新闻，而且人们以为我并非通过邮局送报，因而认为他的报纸广告宣传效果比我的更好。他承接了大量广告业务，从中赚取了丰厚的利润，这对我可就不利了。尽管我的确是通过邮局寄送报纸的，但公众并不知情，因为我是私下给邮差们佣金，让他们为我私下送报。布拉福德很刻薄，禁止邮差们为我送报，这使我产生了些许怨恨，认为他这么做太卑鄙了。后来我接管了邮局，就特意避免仿效这种行径。

我一直在戈弗雷家寄膳。他们家与我一起合住，戈弗雷还在店铺的一侧做玻璃生意。他总是痴迷于数学研究,很少工作。戈弗雷夫人将亲戚的女儿介绍给我,经常找机会让我们见面。这个姑娘的确非常不错,我后来正式向她求爱。姑娘的父母经常邀请我去他们家里吃饭,然后留下我们两人单独相处,以促进我们的关系进一步发展。最后终于到了谈婚论嫁的时候,戈弗雷夫人努力说合双方的条件。我告诉戈弗雷夫人,我希望姑娘的嫁妆能够还清我创办印刷所时所欠下的债务,债务总额应该不超过一百英镑。戈弗雷夫人传话说,姑娘的父母没有这么多钱,我说,他们可以抵押房屋筹些贷款。过了些日子,姑娘的父母答复道,不赞成两人结婚。他们向布拉福德打听过,听说印刷生意不怎么赚钱,铅字很快就会磨损,之后又需要重新购置。布拉福德还告诉他们,凯默和哈里相继破产,我可能很快就会步上他们的后尘。他们禁止我再去他们家,还将女儿关了起来。

　　他们是真的改变了态度,还是故意玩的计谋,我不得而知。或许他们觉得我与他们的女儿感情深厚,推测我们不会就此分手,认为我们会偷偷结婚,到时他们便可按照自己的意愿决定是否给嫁妆了。我怀疑很可能如此,于是就感到非常不满,便没再去找那个姑娘。后来戈弗雷夫人又转告我,说姑娘父母的态度有所缓和,希望我能回心转意。但是我坚决表明,我已决心与这家人断绝关系了。这惹恼了戈弗雷夫妇，我们发生了分歧，戈弗雷一家搬走了。我一个人住在这栋房子里，决心不再招收租户。

不过此事使我关注起了婚姻问题。我留心观察周围是否有合适的人选，还开始主动结识其他地方的人，但是我很快就发现，人们大都认为印刷生意不赚钱。除非全然不考虑其他因素，否则我就无法指望未来的妻子能带来丰厚的嫁妆。同时，我还是一个年轻人，无法抑制生理冲动，常与下等女人有染，这花了我不少钱，也带来了不少麻烦。此外，我最担心的是，我可能因此染上疾病，幸运的是，并未如此。我是瑞德小姐家的邻居和老朋友，一直与这家人有着友好的往来。自从我住进他们家，他们就一直都很尊重我。他们经常邀请我去家里，让我为他们家的事情出谋划策，我在这方面有时能够提供一些帮助。我很同情瑞德小姐，她总是闷闷不乐，少有高兴的时候，也不喜欢与人交往。我觉得自己在伦敦时的轻率与不忠在很大程度上造成了她的痛苦。但瑞德夫人却非常善解人意，认为由于她反对我在与瑞德小姐结婚之后再去伦敦，又在我还未回来时劝说瑞德小姐另嫁他人，所以自己比我负有更大的责任。不久之后，我与瑞德小姐旧情复燃，但是，大家现在坚决反对我们结合。其实，也有人认为瑞德小姐与罗杰斯此前的婚姻是无效的。据说罗杰斯与瑞德小姐结婚前已有妻室，他的妻子现在住在英格兰。由于这里与英格兰距离遥远，所以无法轻易证明这个说法的真伪。此外，还听说罗杰斯已经去世，可是这个消息也不确定。即使他确已去世，但他还留下了许多债务，债主们可能要求他的继任者代为偿还。但是，尽管困难重重，我和瑞德小姐还是冒着风险，在1730年9月1日结为夫妻。幸运的是，我们担心的麻烦一个也没出现。事实证明，瑞德小姐是忠诚的好妻子，她帮我照看店面，是我的得力助手。我们一起将生意经营得有声有色，一直努力使对方幸福。如此一来，我尽最大努力弥补了这个巨大的错误。

此时我们共读社的成员们已不在酒馆聚会了，而是把聚会地点改到了格雷斯家的一间小房间。鉴于我们探讨问题时常常查阅我们的书籍，我提议大家将自己的书都放在聚会的地方，方便我们随时查阅。我们集中这些书籍，成立了一个公共图书馆。每个成员都可以阅读其他成员的书籍，其效果几乎等同于每个人都拥有所有的书。大家欣然同意这个提议。房间的一端摆满了大家贡献出来的书籍，不过，书籍的数量没有我们预期的多。

尽管这些书的确很有用处，可是由于缺乏相应的管理，还是产生了一些麻烦。大约一年后，大家都将各自的书籍拿回了家。

我现在开始实施第一个公共项目——成立一个会员图书馆。我起草了草案，伟大的公证人布鲁克登按适当的格式进行完善。我们在共读社朋友们的帮助下，吸纳了第一批的五十个会员。每个会员入会时缴纳四十先令会费，以后每年缴纳十先令年费，总共为期五十年。后来我们获得了特许执照，会员也增加到了一百人。这是北美会员图书馆的开山鼻祖，现在这种会员图书馆在北美已经遍地开花。会员图书馆非常了不起，数量越来越多。这些图书馆提升了美国人的谈话内涵，使得普通的商人、农民也像其他国家的多数绅士一样富有才智，这些图书馆或许在某种程度上还促使了广大殖民地人民坚决捍卫自己的权利。

备注：基于文章开头所述的目的，我撰写了以上内容，其中包含一些对他人而言无足轻重的家庭轶事。独立革命的事务致使我中断了写作。多年以后，我遵从下面信件里的建议，为广大公众续写了下文。我在巴黎收到此信，信中附有自传的第一部分。

阿贝尔·詹姆斯的来信

敬爱的朋友：

我多次想要给你写信，可是想到信件可能落入英国人手中，又担心某些印刷商或者好事之徒公开信件的部分内容，既给你带来麻烦，又给自己招致谴责，所以一直没有动笔。

不久之前，我偶然喜获您的约二十三页的亲笔手稿。这些手稿是您写给儿子的，介绍了您的出身以及生平。手稿末尾写到了1730年，文中备有注释。我随函附上抄本，希望您一旦往后续写，能够将前后内容放在一起。如果您尚未续写，我希望您不再后延。正如牧师所言，"人生无常"。倘若未来某天善良仁慈、乐于助人的本杰明·富兰克林，尚未完成这部令人愉悦、颇有裨益的作品，便不幸与世长辞离开了朋友们，那么世人将如何看待此事呢？您的这部作品并非仅为少数人带来欢乐与教益，它将为成千上万的人带来欢乐与教益。这类作品会对年轻人的思想产生非常深刻的影响。在我看来，公众人物的传记尤其能够感染年轻人。此类作品无形中引导年轻人坚定决心、努力成为与传记作者一样优秀杰出的人物。一旦您有朝一日出版这部作品（我相信肯定能够出版），它将引导年轻人学习您青年时期勤勉节制的品质。传记类作品中若是出现了您的这部杰作，对于青年人来说将是何等幸事！我在这方面找不到任何同时代的人与您媲美，甚至将许多人加起来也无法像您一样，激励美国年轻一代注重事业、勤勉节俭、修身节欲。我并非否认这部作品的其他价值，只是认为在这一方面的价值尤为重要。

阿贝尔·詹姆斯

我将上面这封信以及随信所附的生平事迹拿给一个朋友过目，后来收到了这个朋友的来信。

本杰明·沃恩的来信

亲爱的先生：

您的贵格会朋友为您找回了介绍您生平事迹的笔记。我详细阅读这份笔记后曾经告诉您，我将给您写一封信，阐明我为什么像这位朋友一样，认为您若完成并出版这部作品将大有裨益。我前段时间各种事务缠身，没有来得及写信，而且我也不知道是否值得对此寄予任何期望。现在,我恰巧有空,就写了这封信。至少,写作对我自己有所教益。由于我惯用的措辞可能会冒犯到像您这样的人,因此我将首先阐明我会如何给像您一般优秀伟大、不过没有您谦逊的人写这封信。我会对他说:先生,我恳请您撰写自传。理由如下:您的一生如此卓越非凡,您若不撰写自传,也一定有人为您编写传记。如此一来,他人为您编写传记产生的负面效果,很可能与您撰写自传带来的正面效应不相上下。而且您还能通过撰写自传,介绍您所在地区的内部环境,这很可能会吸引善良正直、富有男子汉气概的人士来此定居。鉴于人们急切地搜寻此类信息,您又享有如此崇高的声誉,我想您的自传会比所有其他宣传方式都更为有效。您的人生经历与这个正在崛起的民族的精神风貌、真实处境息息相关。真正研究人类本性和社会的人对您的自传的关注,绝不亚于对恺撒和塔西佗著作的关注。同时,先生,我认为写自传还有一个更为重要的原因——您的人生经历很可能会促使某些人将来成为伟大的人物。您的自传将与《美德的艺术》一起共同提升人们的修养,进而提升社会和个人的幸福。这两部作品将介绍自我教育的崇高法则以及成功典范。学校教育和其他教育时常按照错误的教学原则,执行一套指向错误目标的教学方法,而你的教学方法简单便利,目标正确无误。恰逢父母们和年轻人缺乏合理的方式来评估人生道路,也不知道该如何为人生道路做好准备之时,你发现人生最重要的莫过于后天努力!这是多么宝贵的发现!一个人若是到了晚年时期,品格才受到熏陶,那就太迟了,效果甚微。我们在青年时期养成主要的习惯,也形成主要的偏见,同样,我们在青年时期选择职业、人生追求以及终身伴侣。因此,青年时期是人生的转折点。人们甚至可以在青年时期教育下一代。人们在青年时期形成了个人品质和社会公德心。生命中真正的时光也不过是从青年到老年,青年时期应该具有一个良好的开端,更确切地说,在选择人生的主要目标之前应该具有一个良好的开端。您的自传不仅教导人们如何进行自我教育,而且还教导人们成为明智之士。即使是最明智的人,看到对另一个智者言谈举止的详细叙述,也能从中受到启发,进一步自我完善。人类从远古时期就在黑暗中跌跌撞撞,几乎一个向导也没有。既然如此,为何不给那些弱者提供帮助呢?那么,先生,就将当做之事告诉儿子们和父亲们,帮助智慧之士成为像您一样的智者,帮助普通人成为智慧之士。我们看到政客和军人残酷地对待人类,看到知名人士逆情悖理地对待朋友,此时,我们从您的自传中看到了温和宽容的实例,看到您集伟大、亲切和幽默等令人羡慕的美德于一身,我们确实受益匪浅。

您还将写到一些私人琐事,这些事情也大有用处。我们处理日常琐事时尤其缺乏审慎的准则,很想知道您是如何处理此类事情的。这将成为开启生活之门的钥匙,向人们解释许多早该解释的疑惑,使人们有机会成为具有远见卓识的明智之士。与自己亲身经历最相近的,莫过于阅读他人以妙趣横生的笔调写下的经历。我相信,您笔端流出的文字必定趣味盎然。我们经历的事情以及我们的处事方式都非常简单,这必然会使人们意识到简单的重要性。我相信您也会像探讨政治或哲学问题一样,别出心裁地叙述这些个人琐事。考虑到人生的重要意义以及诸多错误,还有什么比人生更值得体验并加以总结的呢?

有些人盲目善良,有些人异想天开,还有些人精明算计。不过我相信,您所写的是明智、实用又善良的东西。如果我为您编写传记,我不仅会介绍您的品格,还会介绍您的人生历程。您的自传还表明了您不以自己的出身为耻,更重要的是,您证明了家庭出身与幸福的生活、高尚的品德或是伟大的成就没有必然关联。要取得巨大的成就,必须要有一定的方法。我们看到您自己拟定了计划,您遵循这些计划终于成为了具有重要影响的人物。同时我们也发现尽管您的成就备受推崇,可是您的方法却非常简单,那就是依靠天性、美德、思想和习惯来取得成功。您的自传还表明,每个人都应等待合适的时机登上世界舞台。我们的感官只关注于当前,往往忽略了以后,所以,人们应该合理地规划整个人生。您回忆起昔日时光,觉得快乐满足,没有因为曾经的急躁或遗憾而感到痛苦。伟人往往具有忍耐的品质。那些学习真正的伟人从而使自己更加沉着镇定的人,倾向以此种方式看待过去。

先生,您的那位贵格会教友盛赞您的节俭、勤奋和节欲,认为所有年轻人都应学习这些品质。但奇怪的是,他竟忘了您的谦逊以及公正无私。如果您不具备这些品质,就绝不会既享受当前的状态,同时又在等待提升自我的机会。如果您的这位朋友像我一样了解您为何享有如此崇高的声誉的话,他就会说,您以前写过的文章和起草的提案促使人们关注您的自传和《美德的艺术》。反过来,您的自传和《美德的艺术》又将促使人们更加关注您曾经写过的文章和起草的提案。这是多才多艺之士享有的优势,此类人能够更加充分地发挥这些才能。如此一来,您的自传将更富价值,因为不知如何提升自己的思维和品格的人远远多于没有时间或者没有意愿提升自我的人。

最后,我还想谈一谈您的自传的另一用途。自传这种体裁似乎有点过时,不过却非常有用。人们可以根据您的自传,比较您和杀手、阴谋者、苦行僧或是碌碌无为的无聊文人的人生。如此看来,您的自传将尤其富有价值。倘若您的自传激励更多人写下类似作品,促使更多人过可以撰写下来的生活,那么其价值将等同于《希腊罗马名人传》全卷。我很难想象其每个特质仅适合于世界上某一个人的人,也无法赞美这样的人。亲爱的富兰克林博士,在结束这封信之前,我诚挚地向您提出一个私人请求:亲爱的先生,我恳请您能够在自传中向世人介绍您的真实品格,您的辩论对手可能会掩盖或者毁谤您的真实形象。鉴于您年事已高,生性谨慎,又有着独特的思维方式,除了您本人以外,无人能够充分了解您的经历以及思想。此外,当前的大革命必然将我们的注意力转向革命的倡导者。既然革命宣扬某些正直的理念,那就表明这些理念真正影响着革命。您的品格将成为人们审视的主要对象。鉴于这对您那蓬勃发展的国家、英国和欧洲大陆的影响,您的品行也应该是值得尊敬且永垂不朽的。我向来主张,要促进人类幸福,就有必要证明人类即使在现在也不是恶毒可憎的动物,而且还应证明良好的管理可能会大大提升人类的品质。差不多出于同样的原因,我渴望人们接受人类中存在着许多善良的人这一观点。当人们无一例外都将被抛弃的时候,这些善良的人会停止做无用功,开始考虑争取自己的权利,至少使自己能够舒适地生活下去。亲爱的先生,赶紧动笔吧!展示出您的善良,因为你确实善良;表现出你的温和,因为你确实温和。最重要的是,证明你是一个从小热爱正义、自由以及和谐的人。你在过去的十七年里,一直自然而然地如此行事,这让英国人不仅尊敬你,而且爱戴你。当英国人尊敬贵国公民时,就会逐渐尊重贵国。当您的同胞发现自己受到英国人尊重时,也就会逐渐尊重英国。请拓宽您的视野,不要局限于说英语的人民。您已经解决了自然和政治领域的诸多问题,那么,现在请考虑促进全人类的进步吧!我没有读过自传，只认识自传的作者，有些的确在胡言乱语。不过我确信，您的自传以及《美德的艺术》必然会满足我的主要期望。假如您能采纳以上意见，那就更好了。即使您的自传不能满足一个满怀希望的仰慕者的期待，至少您也写出了人类十分感兴趣的作品。生命本有许多痛苦和焦虑，若是有人带来了快乐，生命将会变得更加美好。亲爱的先生，希望您听到了我在信中发出的恳求，希望您能够赞同我的观点。

本杰明·沃恩

1783 年 1 月 31 日　巴黎

第二部分

1784年,我在巴黎附近的帕西续写下文。

我收到以上两封信已有一段时间了,但一直没有时间满足信中的要求。我家中的资料能够辅助我回忆起往事,有助于确定某些事情发生的日期。如果我回到家中,就能够更好地撰写自传了,不过我归期未定,眼下又有少许空闲时间,因此决定尽力回忆往事,写下记得的内容。如果有生之年我能够重返家园,可以对此进行更正和完善。

我现在手头没有此前的任何稿件,不知我是否已经介绍过建立费城公共图书馆的事情。最初图书馆的规模很小，现在已经非常庞大了。尽管我记得此前已经写到1730年创办图书馆的前后时期，但我还是在此介绍一下创办图书馆的事情。如果我将来发现前面已经写过此事，到时再进行删除。

我在宾夕法尼亚立业时，波士顿以南的任何殖民地都没有像样的书店。事实上，在纽约以及费城，印刷店也兼作文具店，但是店里只卖历书、诗歌、常见教材以及纸张等。好读书者不得不从英格兰买书。我们共读社每个成员都有一些书。我们此时已不在酒馆聚会了，而是另找了一间房子。我提议每个人都把自己的书拿到那个房间，如此一来，我们不仅可以在聚会时随时查阅，而且这还变成了一种公共福利，每个成员都可以把自己想读的书借回去阅读。我们把这个想法付诸了实践，一段时间以来大家都很满意。

我发现了这个小图书馆的益处，提议筹建公共会员图书馆，让更多的人能够从书籍中受益。我起草了一个简单的计划，制定了一些必要的章程，然后请业务精进的产权转让事务律师查尔斯·布罗格登先生将之转化为合同条款。根据该合同，每个会员入会时都需缴纳一定数额的会员费，供图书馆在成立之初购买书籍，每年还需缴纳年费供图书馆增加藏书量。那时费城很少有人阅读，我们大部分人又很穷，尽管我很努力地推进此事，却还是只招了不到五十个会员。大部分会员是年轻商人，这些会员每人先付四十先令入会费，此后每年付十先令年费，我们利用这笔微薄的资金从国外买来了书籍。图书馆每周开放一天，供会员前来借阅书籍。根据会员签下的书面承诺，如果会员没有按时还书，图书馆将按书价对其处以双倍罚款。图书馆的功效很快就显现出来了，宾夕法尼亚其他城镇以及其他殖民地的城镇也纷纷仿效。不少人进行了捐赠，图书馆扩大了规模，阅读蔚然成风。没有其他公共娱乐转移公众学习的注意力，公众和书籍结下了不解之缘。没过几年，外地人就发现，我们的人民普遍比其他国家同阶层的人民受到了更好的文化熏陶，也更富才智。

上述合同对我们以及我们的后人具有约束作用，合同有效期五十年。我们签订此合同时，公证人布罗格登先生曾说："你们现在尽管都很年轻，不过你们中却不大可能有人能活到合同期满的日子。"我们许多人现在仍然活着，而那份合同几年后却被一纸特许状废除了，该特许状还规定将图书馆改组为永久性组织。

我在招揽会员时遭到了不少反对，还看到有些人表现得很勉强。我很快就意识到，声称自己发起了某个实用的项目，其实并不怎么合适。人们可能会认为，项目发起人在需要邻里帮助才能完成该项目之时，还想使自己的声望稍高于四邻的声望。因此，我尽量保持低调，说这是朋友们的一个计划，他们请我四处宣传，介绍给那些他们觉得爱好阅读的人。我改用这个方法后，事情进展得较之以前更为顺利。我后来遇到类似情况时，都是采用这种做法。我经常借此取得成功，在此真心推荐这一方法。现在牺牲一点虚荣，将来能够取得巨大的回报。如果人们一时不知应该归功于谁，那些比你更为虚荣的人便会受此怂恿而冒领功劳，到时甚至嫉妒之人也愿为你主持公道，拔下冒领功劳者僭取得来的羽毛，还给其真正的主人。

  这个图书馆为我努力学习、不断进步创造了条件。我每天留出一两个小时用来学习，这在某种程度上弥补了我没有受过高等教育的缺陷。父亲曾经希望我能够接受高等教育，可惜这一愿望未能实现。除了阅读，我不允许自己有任何其他消遣。我不去酒馆，不进赌场，也不参与任何其他形式的娱乐活动。我仍然勤勤勉勉、孜孜不倦地工作。我开印刷所欠下的债务还未偿清，家里的孩子又要开始上学了，我不得不与两家比我早在此地开业的印刷所竞争。现在，我的处境一天比一天好了起来,但我还像以前一样节俭。我还是一个孩子时,父亲就经常教导我,他反复提到所罗门的箴言——"只要你勤于工作,就能来到国王面前,而非与吝啬鬼为伍"。我从这句箴言中得到了激励,由此认为勤勉是获取财富、出人头地的途径。尽管我以前从没有想过自己能够来到国王面前,不过后来这一切还真的发生了。我后来见过五个国王,甚至还有幸与丹麦国王同席进餐。

有句英语谚语说得好:"想要发财,请教妻子。"我很幸运,我妻子像我一样勤勉节俭。她很乐意帮我打理生意、折叠和装订小册子、照看店铺、为造纸商代购旧亚麻布等等。我们没有雇用佣人,即使雇来佣人,他们也会无事可做。我们的桌子朴素又简单,我们的家具价格最为便宜。我很长一段时间的早餐都只有面包和牛奶,没有茶,餐具是一个两便士的陶制粥碗和一个锡质汤匙。请注意:虽然我有自己的原则,可是奢侈之风还是日渐渗透到了家里。有一天早上,家人喊我吃早餐时,我发现餐具竟然是个瓷碗,还有一个银质汤匙!这是妻子在我不知情的情况下为我买的,花了二十三先令,真是一大笔钱!妻子没有其他借口辩解,只说她认为她的丈夫值得像邻居们一样拥有上好的银质汤匙和瓷碗。这是我们家第一次出现银质和瓷质餐具。之后几年,随着我们的财富日渐增加，这类餐具也逐渐增多，价值高达几百镑。

　　我从小就受到了长老会的宗教教育，但我无法理解该教派的一些教条，如上帝永恒的旨意、选拔、摒弃等等，同时，我还怀疑其他一些教条。我很早就不再参加该教派的公共聚会，而是把星期天作为学习的日子。可是，尽管如此，我也依然从未放弃过某些宗教信条，例如：我从未怀疑神的存在；从未怀疑神创造了世界并按照自己的旨意掌管世界；从未怀疑对上帝最好的侍奉便是与人为善；从未怀疑我们的灵魂可以永恒；从未怀疑善有善报，恶有恶报，不在今生，就在来世。我认为以上信条是所有宗教的精髓，在当地所有的教派中，都可以找到这些信条。我尊重所有教派，只是程度不一而已。我发现这些教派或多或少都混杂着其他教条，这些教条完全没有激励、促进或是肯定美德，反而是为了疏远我们，使得我们互不友好。我认为即使最糟糕的宗教也能产生一些积极的影响。我尊重这些教派，避免发表一切可能影响他人认同自己所信奉的宗教的言论。我们这个地区的居民越来越多，需要不断建立更多的教堂。建教堂通常通过自愿捐献的方式筹资。不管是建立什么教派的教堂，我总是愿意略尽绵薄之力。

　　尽管我很少参加公共礼拜，但是我仍然认为应当做礼拜，并且认为如果能够以适当的方式做礼拜将会非常有用。我每年都定期缴纳一些费用，资助费城唯一的长老会牧师以及他所主持的集会。他过去常以朋友的身份来拜访我，劝我参加他主持的集会。我有时会被他说服，有段时间连续五个星期天都去做礼拜。尽管我想利用礼拜天的空闲来学习，不过倘若他在我眼中是个优秀的牧师，也许我会继续去做礼拜。但是他布道时，要么是进行宗教辩论，要么就是解说本教派奇怪的教条，在我看来，这一切都非常枯燥乏味，全然无益于教化。他没有灌输或是倡导任何一条道德准则，他的目的似乎是让我们成为长老会信徒，而非让我们成为品德高尚的市民。

后来，他把《圣经·新约·腓立比书》第四章中的一节内容拿来布道："最后，弟兄们，如果有任何美德或是褒奖，就想想任何真实的、可靠的、正直的、纯洁的、可爱的、拥有美誉的东西。"我想基于此文布道，总不会不讲道德问题吧，但遗憾的是，他的布道仅局限在五点上，认为信徒的本意仅以下五点：1. 信奉安息日；2. 勤于阅读《圣经》；3. 按时去教堂做礼拜；4. 分享圣餐；5. 尊敬上帝的使者。这些或许都可以说是善事，但它们并非是我从这节内容中所期待的那类善事。我不再期望从宗教集会中得到什么，感到非常厌恶，就不再去听他的布道了。在此之前，也就是1728年，我曾经编了一段短小的祷告文自己使用，祷告文题为《宗教信条与行为准则》，此时我又重新启用了这篇祷告文，不再去参加公共礼拜。我的行为或许会受到责备，不过，随它去吧，我不想为自己辩解。我现在的目的是讲述事实，而非为我的行为道歉。

大概就在这个时候，我构思了一个大胆而又艰巨的计划——努力让自己的道德水准臻于完美。我希望任何时候都能不犯任何错误地生活。我要征服一切错误，不管这些错误是源自天性、习惯还是来自周围同伴的影响。既然我知道或自认为知道何为对何为错，但我不明白为什么我不能总做对事、避免犯错。不过我很快就发现，这项任务比想象的要难得多。我在留心不犯一个错误时，经常惊讶地发现自己已经犯了另一个错误。我若一不留心，陋习便会乘虚而入，习性往往强于理智。最后我得出了结论：仅仅相信道德高尚对我们大有裨益，还不足以防止我们失足犯错，必须改掉坏习惯，培养好习惯，我们才能一贯坚持正直的行为。为了实现这个目标，我创造了下文所述的方法。

我在阅读过程中发现，美德包含着多种多样的条目，而且我发现作者不同，美德所包含的条目也多少不同,同一条目蕴含的意思也不尽相同。比如说"节制",有些人认为仅指节制饮食,有些人则认为可以推而广之,指节制娱乐、情欲、癖好、激情等肉体或精神层面的一切欲望,甚至可以指在谋求财富、实现野心方面有所节制。为了清晰起见,我决定使用较多条目,使每个条目蕴含较少意思,而非使用较少条目,使每个条目蕴含较多意思。我总结了当时认为必要的十三条美德,每条都附加了简短的说明,充分解释我认为该词所蕴含的含义。

这十三条美德及其说明如下:

一、节制。食不过饱,酒不过量。

二、缄默。言谈必须有益,避免无聊闲谈。

三、秩序。物品各有其位,事务各有其时。

四、决心。下定决心完成当做之事,成功完成下定决心之事。

五、节俭。不花于人于己无益之钱,杜绝浪费。

六、勤勉。切勿浪费时间。只做有用之事,杜绝无用之举。

七、真诚。不可欺骗伤害他人。思想坦荡公正,说话亦是如此。

八、正直。不做损人之事,尽应尽之义务。

九、中庸。避免极端。不可诅咒报复他人。

十、清洁。保持身体、衣服、住所清洁。

十一、平静。不因琐事、常见之事、难免之事而心神不宁。

十二、贞节。若非为了健康或传宗接代，少行房事。不可纵欲，以避免反应迟钝、身体虚弱。不可因为房事而破坏自己或他人的和睦关系，损害自己或他人的名声。

十三、谦卑。效仿耶稣和苏格拉底。

我的目的是把所有这些美德养成习惯。我认为最好不要试图同时展开，这样容易分散注意力，一次专注于一种美德比较好。在把一种美德培养成习惯后，再继续培养下一种，如此下去，直至最后将这十三种美德全部培养成习惯。我考虑到先前养成某种美德，可能会推动后期养成其他美德，便将这些美德进行以上排序。首先是节制，节制可以使头脑更加清晰冷静。保持头脑清晰冷静十分必要，这样才能时刻保持警惕，防范先前的坏习惯不时侵袭，抵制不时出现的各种诱惑。一旦养成这一习惯后，保持缄默就容易多了。我在提升品德的同时，也想学习更多知识。鉴于谈话时获得知识靠的是耳朵而非舌头，我希望改掉当时正在养成的故作诙谐、闲聊空谈的坏习惯。这个习惯只能让我与轻嘴薄舌之人为伍,因此,我将缄默排在第二位。我希望缄默及下一个条目——秩序,能够让我有更多时间致力于实施美德计划以及学习知识。一旦养成了决心的习惯,我就可以更加坚定,努力将随后的所有美德都养成习惯。我当时还欠有一些债务,节俭和勤勉可以助我创造财富,让我实现独立自主。它们还可以为实现真诚和正直创造条件,如此等等。这时我又想到,按照毕达哥拉斯在《黄金韵文》中的建议,我有必要每天进行检查。我想到利用以下方法,每日进行自我反省。

我做了一个小册子,每种美德各占一页。我用红墨水在每页划上竖线,形成七列,每一列代表一周中的一天,每一列用一个字表示。我又用红墨水划上十三行横线,在每行的左端用一个字表示一种美德。晚间我会检查自己当天在美德方面是否犯错,每犯一个错误,就在相应的竖栏中的横线上画一个小黑点。

我下定决心每周严格遵守一种美德,如此循序渐进。第一周,我重点留心避免任何违反"节制"的行为,对其他美德则不严加防范,只是每天晚上标注当天犯下的错误。如果我第一周能够保持标有"节"的第一行没有任何小黑点,我就认为自己已经巩固了这一美德，削弱了其对立面，可以大胆地延伸范围，把下面一项美德也包括进去，接下来的一周要保持这两行都没有小黑点，如此循序渐进，直至最后一条。十三个星期可以完成一个周期，一年可以完成四个周期。有一个要为花园除草的人，并不企图一次清除所有杂草，因为他没有这个能耐，但是他可以一次除一块地的草，除完第一块，再除第二块。同样，我希望可以看到小册子上每行的小黑点越来越少，看到自己在美德方面的进步，受此鼓舞继续努力。最后我希望经过多遍练习，能够看到在十三周的每日检查之后，小册子上一个小黑点也没有留下，那时我将多么高兴！

我摘录了艾迪生的《卡托》，写在小册子上作为题词：

我坚信，我们之上必定存在神灵，
因为他创造的自然万物都在高呼，
我坚信，他必定喜爱美好的德行，
而那些他喜爱的人必定得到幸福。

我还摘录了西塞罗的诗歌：

哲学啊,你是生活的指南!
你是德行的探索者、罪恶的祛除者!
按照你的指导安然度过一天,
胜过罪恶地生活一百年!

此外,我还摘录了《圣经箴言书》,讲的是智慧或是美德:

她右手有无尽的岁月;左手有财富和荣誉。
她的道路愉快,她的路径平坦。
(第三章,十六、十七两节)

我认为上帝是智慧的源泉,寻求上帝帮助以获取智慧不仅是正当的而且是必要的。为此,我在检查美德的表格前面,写了一篇自创的简短祷告文,供每天祷告时使用。

啊!全能的上帝!慷慨的天父!仁慈的向导!增加我的智慧吧,让我发现自己真正的兴趣所在;坚定我的决心吧,让我执行智慧的指令。请接受我对其他子民的真诚付出,将其作为您对我无限恩赐的微薄报答。

有时，我也使用汤姆逊的诗作为祷文：

> 光明与生命之父，至高无上之神！
> 请您亲自教导我何者为善！
> 请让我脱离愚蠢、虚荣和恶行，
> 脱离一切低级追求！
> 请让我的灵魂充满知识、平和以及纯净的美德，
> 请予我神圣、充实、永不褪色的福佑！

秩序这条美德要求我按时办事。我的小册子中有一页上列着一张一天二十四小时的时间安排表，详情如下：

	5	起床，洗漱，向万能的上帝祷告；考虑当天的事务，决心完成当天的事情；学习，吃早餐。
	6	
上午	7	
晨问：今天我将做些什么好事情？	8	工作。
	9	
	10	
	11	

续 表

中午	12 1	阅读；检查账簿；吃午餐。
下午	2 3 4 5	工作。
傍晚 夕问：今天我做了什么好事情？	6 7 8 9	物品归位；晚餐；音乐或娱乐或谈话；当日反省。
晚上	10 11 12 1 2 3 4	睡觉。

  我开始实行这份自我反省计划，持续了一段时间，其间偶有间断。我惊讶地发现自己犯了许多错误，数量比我原来预想的还要多。不过欣慰的是，我看到它们在不断减少。一个周期结束后，我为了腾出地方给下一周期做标记，就擦去小册子上之前的标记。没过多久，小册子就破了不少洞，我只好不时重新制作小册子。为了省去这个麻烦，我将表格和箴言写在备忘录的白纸板

119

上。我用红墨水在纸板上画上能够长久留存的线条，然后用黑色铅笔在这些红线上标出所犯的过错，这些标记用一块湿海绵就能轻松擦掉。过了一段时间，我一年才完成一个周期，再后来，我几年才完成一个周期。最后我漂洋过海办理事务，由于冗事缠身，不得不彻底放弃这个计划。但是我总是把这本小册子带在身边。

秩序这项美德给我带来的麻烦最多。我发现这对一个能够自由安排时间的人来说或许可行，譬如，对印刷工来说就可行，但是对一个老板而言就不可行，他不可能严格遵守秩序计划，因为老板需要与人交往，经常得在业余时间接待生意伙伴。同时，我发现，有序摆放纸张等物品也非常困难。我早年没有养成这个习惯，加上我的记忆力超强，所以不觉得没有这个习惯会带来多大不便。我为了养成这一美德，艰辛地付出了大量努力。这方面的过错给我带来了诸多烦恼。我在改正这方面的错误上成效甚微，经常故态复萌。我几乎就要放弃了，容许自己缺失这一美德。这与我的邻居遇到的一件事类似。我的邻居是个铁匠，有人从他那儿买了一把斧头，这人想要把整个斧身磨得像斧刃一样锃亮。铁匠说，如果这人愿意转动磨刀轮的话，他同意把斧身磨得锃亮。于是这个人转起了磨刀轮，铁匠用力把宽阔的斧身压在磨石上开始磨，此时转动磨刀轮非常吃力。这个人不时地从磨刀轮那边来看磨得怎么样了，最后他说他不想继续磨了，准备把斧头拿走。铁匠说："别呀，继续，继续，我们迟早会把它磨得锃亮的。现在，有的地方虽然磨亮了，但有的地方还没磨亮呢，依然是把麻脸斧头。"这个人说："的确，不过我最喜欢的就是麻脸斧头。"我相信许多人都是如此。他们缺少我所使用的方法，发现改掉坏习惯、培养好习惯太困难了，最后选择了放弃，说自己"最喜欢麻脸斧头"。有些事情会伪装成所谓的理由，不时暗示我：我在道德上这样吹毛求疵可能非常愚蠢；若是人们知道我如此苛求，会觉得我很荒谬；完美的品格可能会带来麻烦，令人嫉妒憎恨；仁慈的人应该允许自己有些缺点，以免朋友们自惭形秽。

事实上，我发现在秩序方面，我几乎无药可救。我现在年纪大了，记忆力也衰退了，明显地感觉到没有养成这个习惯非常不便。不过总的来说，尽管我从未达到我热切想要达到的那种完美的状态，距离这个目标也很遥远，但是通过这些努力，我成为了一个更优秀、更幸福的人。正如那些试图通过临摹练就完美书法的人一样，虽然他们从未练成自己想要的那种完美书法，但是他们通过努力改变了自己的字体，使得它们更易辨别、更为美观了。

  我的后人们若是知道，他们的祖先正是依靠这点小技巧以及上帝的庇佑，一直幸运快乐地活到了七十九岁，现在还在给自己写自传，或许会感到有些益处。他有生之年或许还会遭遇磨难，那就听从上帝安排吧。如若真有这么一天，想想昔日的快乐时光，应该能够以乐天知命的心态熬过去的。他的身体一直都很健康，现在依然体质强健，这应归功于节制饮食；他早年境况顺遂，创造了财富，还学得了知识，后来成为有用的公民，还在博学之士中赢得了一定声誉，这一切都应归功于勤勉和节俭；他的祖国信任他，授予他光荣的职位，这应归功于真诚和正直。尽管他还没有将这些美德发挥到极致，可是在这些美德的综合影响下，他塑造了平和的性情，形成了令人愉悦的谈话风格，这使得人们甚至是年轻人现在仍然乐于与他为伴。因此，我希望我的某些子孙不妨学学，或许能够有所收益。

  或许有人察觉到，尽管我的计划并非完全排除宗教，但在其中却没有任何一个教派的特殊教义。我的确有意避开这些宗教教条，我确信自己的方法非常实用且具有优越性，可供所有教派的人使用。我还打算在合适的时间出版这个计划，不愿意使其包含任何可能使任何教派的任何人产生偏见的内容。我有意对每条美德进行简短的评论，表明该美德的好处以及与之相反的恶习的危害。我本打算创作一本名为《美德的艺术》的书，在书中介绍获得美德的方式方法，使该书区别于那些教人为善却未指明具体方法的纯粹说教。那些人就像《使徒行传》里的口头善人，他们不向无衣可穿者和忍饥挨饿者指明，如何获取或在何处可以获取衣服和食物，只是空洞地劝诫他们应该穿衣果腹。（《新约·雅各书》第二章，十五、十六节）

可是，我的写作出版计划一直没有实现。诚然，我不时做些简短的笔记，记录观点和推理过程等等，以备日后写书使用，其中一些我仍然带在身边呢。但是我早年不得不将精力放在私人事务上，后来又把精力放在公共事务上，导致写书计划推迟了。我认为这是个宏伟的计划，需要投入全部的精力。可是我接连担任各种意料之外的职务，无法全身心投入此事，所以迄今仍然没有完成。

我计划在本文中解释并强调一则信条——如果仅从人的天性方面考虑，那么恶行并非因为被禁所以有害，而是因为有害所以被禁。具备美德对每个人都有益处，人人都希望在今生就能获得幸福。鉴于世上总有许多富商、贵族、政界人士以及王室成员需要诚实可靠的人管理事务，而这种诚实可靠的人又很稀缺，所以我一直努力劝诫年轻人相信一个道理——最有助于穷人发财致富的品质莫过于诚实和正直。

我的美德清单最初只罗列了十二项美德，但是一位贵格会朋友善意地提醒我：大家普遍认为我比较自大。他说，我在交谈时经常表现出这一点，谈到任何一个话题时，不仅要证明自己正确，而且还要相当傲慢地令他人臣服，他还举了几个例子加以证明。我下定决心，要像改正其他缺点那样，努力改正这个缺点，或者说这个蠢行。于是我把"谦卑"加进了道德清单，并丰富了其内涵。

我不敢自夸在培养谦卑的美德方面我取得了多大的成功，不过从表面看来我的确改变了不少。我给自己立下了一条规矩：尽量不要直接反驳他人的观点，也不要过分肯定地表达自己的观点。我甚至遵照共读社的老规定，禁止自己使用任何表示确定无疑含义的词语或表达，比如"必定""无疑"等等，相反，我使用"我认为""我这么理解""我想事情是这样"或者"对我来说，现在看起来似乎如此"。当他人发表某个我认为是错误的观点时，我不再像以前那样唐突无礼地反驳他，立即指出他观点中的悖理之处，而是放弃了这种说话方式带来的快意，我待他说完之后，首先表明在一定情况下他的观点成立，不过在当前情况下，我觉得情况似乎有些不同，等等。我很快就发现了这种改变所带来的益处，交谈变得更加顺畅、更为愉快了。我发表观点时态度非常谦逊，这使得人们更乐于接受这些观点，反对意见也大大减少了。若是我发现自己的观点有误，也不至于那么尴尬；若是我发现自己的观点恰巧正确，那么劝诫他人摒弃错误观点，与我达成一致意见也变得更为容易了。

我起初采用这种方法觉得非常费劲，不过后来就感觉非常容易了，因为这已经成为了一种习惯。或许过去的五十年里，都没有人听我发表过专横武断的言论。早年我只是普通市民，我当时提议建立新的体制或是改革旧的体制，在其他市民中产生了重要影响，后来我成为了议员，在议会中有着重大影响力。这一切首先应归功于我正直诚实的品质，其次应归功于我的这种说话方式。尽管我不善辞令，更称不上能言善辩，选择措辞常常犹豫不决，说话还经常出现语病，但是我的观点通常都能被别人接受。

在人类天性中，或许没有哪种天性比骄傲更难驯服的了。我们掩饰它，与它斗争，打倒它，扼杀它，竭尽所能地抑制它，可是它依然存在，不时现身耀武扬威一番。或许，你在这本自传中也看到了它的身影。尽管我可以自认为已经完全征服了它，但是很可能又要为自己的谦逊居功自傲了。

第三部分

　　1788年8月,我打算在家中续写自传。我曾希望能够借助笔记续写,可是许多笔记都在战争中遗失了,所以笔记能够提供的帮助不大。不过,我还是找到了以下这些笔记。

　　我曾提到过我酝酿着一个非常宏伟的计划,似乎应当在此介绍一下这个计划及其目标。这个计划的雏形记录在一张小纸条上,这张小纸条恰巧保存了下来。内容如下:

读史感言

　　党派参与并影响了世界上的重大事件,如战争、革命等等。

　　党派的观点代表了他们当前的普遍利益,或者他们所认为的普遍利益。

　　不同党派的不同观点引起了纷争。

　　尽管一个党派有总体规划,可是每个成员发表观点时,都会考虑到其私人利益。

　　一旦某个党派达到了自己的总体目标,每个成员就会专注于满足自己的私利,这会妨碍到其他成员,导致政党分裂,引起更多混乱。

　　尽管人们进行了各种各样的伪装,可是事实上很少有人能够做到仅从祖国利益的角度出发去处理公共事务。虽然他们的行为的确给国家带来了益处,不过他们主要是基于私人利益与国家利益联结在一起的综合考虑才采取了行动,而非由于他们的仁慈才采取这些行动。

　　现在似乎是筹建美德联合党的好时机。将各个国家高尚善良的人们集结在一起,组成一个正规组织,按照善良、明智的合理规章进行管理。与普通人遵守一般法律相比,这些善良明智之士或许能够更好地遵守自己的党章。

我现在认为,任何人只要以正确的方式尝试这个计划,并且胜任,必能蒙得上帝的喜悦,而且必能成功。

本杰明·富兰克林
1731年5月19日　图书馆

我准备等日后有了充裕的空闲时间,就着手实施这个一直盘旋在脑海中的计划。我不时在纸上记下突然产生的关于该计划的新想法。这些笔记大部分已经遗失了,不过我找到了其中一份打算作为教义要旨的文件,该文件包含了我当时认为的所有教派的精髓,没有任何可能引起某个教派教友反感的内容。具体如下:

必定存在创造了世间万物的上帝。
他根据天意主宰世间。
人们应该崇拜他、向他祈祷、向他感恩,以示对他的敬奉。
与人为善是对上帝最好的敬奉。
灵魂永恒。

上帝必定惩恶扬善,不在今生,就在来世。

我那时认为,这个教派首先应该在单身青年中创立并发扬光大。每个加入教派的成员不仅要声明同意遵守教义,而且还要践行此前介绍的十三周美德自检计划。教派成员不可随意对外泄露教派信息,直至教派发展至相当规模为止,禁止道德水平低下之人申请入教。不过,每个教派成员都应在熟人中物色正直坦诚的年轻人,审慎地逐步向他介绍该教派。教派成员应该相互劝勉、相互帮助、相互扶持,提升兴趣爱好,推动事业发展,促使人生进步。为了与其他组织区分开来,我将该教派命名为"自由幸福社"。这里的"自由",指的是通过践行美德养成良习,从恶习中解放出来,尤其指通过勤勉节约,从债务中解放出来。一旦人们负债就会受到约束,就会沦为债权人的奴隶。

关于这个计划的情况,我现在只能记得这么多了。我曾把部分计划告诉两个年轻人,他们也满怀热情地采纳了。不过我当时处境窘迫,需要将全部精力放在生意上,只得推迟实施该计划的时间。后来,多种公私事务缠身,致使该计划一拖再拖。直至最后,我再也没有足够的精力推行此事了,也已不像当初那么热衷于此,最终再也没将此事提上日程。不过我仍然认为该计划切实可行，将许多优秀公民组织起来很可能是一件非常有益的事。这项任务看起来非常艰巨，不过我绝不会因为任务艰巨而气馁。我一直认为，一个能力尚可的人只要首先做好计划，然后杜绝消遣活动和其他分散注意力之事，将实行该计划作为唯一的学习任务和工作内容，就可以带来巨大的改变，成就世间伟大的事业。

1732年，我以理查德·桑德斯为笔名第一次出版了《历书》，后来，我又连续出版了大约二十五年，人们通常称之为《穷理查德历书》。我竭力使之有趣又实用。历书很受人们欢迎，每年销售近万册，利润颇丰。我注意到许多民众都阅读此书，几乎本地区任何一个街区都有这本书。普通大众几乎不买其他书籍，我觉得可以借助这本书来教导普通大众。于是，我在历书上的重要日子间的空白处都印满了谚语箴言，内容主要是通过勤勉节俭发财致富、避免丧失美德等等。穷人很难做到一贯诚实，正如历书中的一句谚语所言——"空口袋，难直立"。

这些箴言凝聚了多个国家从古至今的智慧。我把它们整理在一起，以一位智叟在拍卖市场演讲的方式，编成一篇前后连贯的演讲词，并放在1757年《历书》的卷

131

首出版。这将所有原来分散的忠告集中到了一起，给人们留下了极为深刻的印象。这篇文章得到广泛称颂，被美洲所有的报纸转载。在英国，人们重新印刷这篇文章，将之贴在家里。而且还出现了两个法文译本，牧师和权贵大量买来免费发放给贫穷的教区人民和佃户。这篇文章劝阻人们花钱购买国外奢侈品，一些宾夕法尼亚人认为它对本地区财富的增长产生了积极影响。这一点，在这篇文章出版几年后显现了出来。

我也将报纸作为一种交流教育的途径。基于这种想法，我经常在报纸上转发《旁观者》的文章，或其他有关道德伦理的文章。有时我也发表一些自己写的小文章，这些文章起初是供共读社讨论而撰写的。其中一篇是苏格拉底式对话，文章试图证明一个人即使能力超强，可是一旦品德败坏，那就不配称作通情达理之士。还有一篇关于克己的文章，文章表明美德只有变成了习惯才能牢固，才能不受与之对立的恶习的影响。这些文章或许可以在1735年初左右的报纸上找到。

我编辑报纸时小心谨慎，绝不刊登一切涉及诽谤以及人身攻击的文章。近年来，这种文章严重破坏了我们国家的名誉。人们请我刊登这类文章时，总是借口他们拥有出版自由，声称报纸就像驿站马车，只要愿意付钱就应有一席之地。我答道，如果他们想要刊印这些文章，我可以帮他们另行印刷，想要多少份都可以，但印好后他们自己去散发，我不承担任何责任。我与订户有约在先，承诺要么提供给他们有用的文章，要么提供给他们有趣的文章，不能在报纸上刊登订户毫无兴趣的私人辩论，如果我这么做，显然对他们不公平。现在有许多印刷商毫无顾忌，为了迎合某些人的险恶用心，污蔑我们中的一些正直之士，加深矛盾双方的敌意，甚至导致发生了决斗。这些印刷商还草率地印刷了一些诽谤临近地区政府的文章，甚至还印刷了中伤我们最好的盟国的文章，这很可能会导致极其有害的后果。我之所以提到这些，是为了提醒年轻的出版商们，不要做这些有损声誉的事情，因为它们不仅会玷污你的出版物，而且还可能使你的职业蒙羞，相反，应该坚决杜绝这类行为。他们可以从我的先例中看出，仿照我这种行事方法通常不会损害他们的利益。

1733年，我将店里的一名印刷工送往南卡罗来纳的查尔斯顿，当时那里缺少印刷所。我依据合伙协议，提供了一台印刷机和一套铅字。按照协议规定，我承担印刷所三分之一的开支，分得三分之一的利润。那名印刷工博学诚实，但是不懂账务，尽管他有时会给我汇款，但却从未向我呈报账目。他在世时，我也没有收到任何令人满意的合伙经营状况的报告。他去世后，他的妻子继续经营印刷所的生意。他的妻子在荷兰出生长大，我听说那里对女性的教育包含教授会计知识。她不仅就以往的收支情况寄来一份尽可能清晰的报表，而且在之后每个季度都会寄来非常正规、精确的报表。她把印刷所经营得很成功，不仅将孩子抚养成人，而且在合同期满时还从我手里买下了印刷所，交给儿子打理。

我提到这件事，主要是为了推荐年轻妇女接受会计教育。万一她们不幸守寡，对自身以及孩子们而言，会计知识可能比音乐或舞蹈知识更为有用。她们如果接受过会计教育，可以免受奸诈之徒的蒙骗，或许还可以继续经营已有固定业务往来的店铺，直至儿子长大成人接管生意。这可以让她们自力更生，也可以让她们发家致富。

大约1734年，年轻的长老会牧师亨普希尔从爱尔兰来到我们这里。他声音洪亮、圆润动听，经常即席发表精彩的演讲，吸引了许多不同教派的教徒前来聆听，赢得了大家的一致好评。我也像许多人一样，经常去听他的演讲。我很喜欢他的布道，他很少阐述教条，而是强烈推荐大家践行美德，也就是宗教所说的善行。但是那些自称正统的长老会教徒却不赞成他的信条，而且许多老牧师也反对他，当场指责他宣扬异端邪说，让他停止传教。我狂热地支持他，竭尽所能地组织其他支持者。我们为他同反对者展开了斗争，并且坚持了一段时间，颇有希望取得成功。支持者和反对者还就此事撰写文章相互驳斥。我发现亨普希尔虽然布道时用词考究，却不怎么会写文章。我代他写了两三本小册子，还写了一篇文章发表在1735年4月的《公报》上。这些小册子如同其他颇有争议的文章一样曾经风靡一时，不过很快就销声匿迹了。我不知道现在是否还能找到一本。

双方争论期间，发生了一件不幸的事情，给亨普希尔的事业带来了重创。我们的一个对手听亨普希尔做过一次颇受推崇的布道，他觉得自己之前在别处读过这篇布道文，至少读过其中的一部分。最终他在《英国评论》上找到了这篇文章，原来该文源自福斯特博士的演讲。这一发现使得我们支持派的许多人感到厌恶，从而不再支持他的事业，加速了我们在宗教会议上的溃败。不过，我仍然忠诚地支持他。我宁愿他向我们转述他人所作的优秀布道文，也不愿他演讲自己创作的拙劣布道文，尽管普通牧师们会做出与此截然不同的选择。他后来坦诚地告诉我，没有一篇布道文是他自己写的。他还说，自己记忆力惊人，能够过目不忘，看完任何布道文都能复述出来。我们失败后，他就去别处寻求好运了。我退出了宗教集会，后来再也没有参加过，不过多年来我仍然一直资助该会的牧师们。

1733年，我开始学习外语。我很快就掌握了法语，能够轻松阅读法语书籍。之后，我开始学习意大利语。我的一个朋友当时也在学习意大利语。他经常让我和他一起下棋，我发现下棋过于占用学习时间，就拒绝继续与他下棋，除非他答应我一个条件：每盘棋的胜者都有权给败者布置一项任务，或是背诵语法知识，或是完成翻译练习，等等；败者必须以名誉担保下次见面前完成任务。我们棋艺相当，两人在对方的激励下都学会了意大利语。我后来还颇费工夫学习了西班牙语，最终达到了可以阅读西班牙语书籍的水平。

我此前已经提过，我仅在拉丁文学校学习了一年，但那时我非常小，之后就完全忽视了这门语言。不过，我在掌握法语、意大利语和西班牙语后，阅读拉丁语版《圣经》时惊喜地发现，我认识的拉丁语比我想象的要多得多，受此激励我重新专心学习拉丁语。我之前学习的其他语言为学习拉丁语铺平了道路，让我后来在学习拉丁语方面也卓有成效。

鉴于这些情况，我觉得教授语言的一般顺序不太合理。人们告诉我们，最好先学习拉丁语，掌握拉丁语之后，再学习从拉丁语衍生而来的现代语言将会更为容易。可是，我们并没有为了使学习拉丁语容易一些，先学习希腊语。诚然，如果你能够不走台阶就攀上楼梯的顶端，那么拾阶而下将会更为轻松。不过确定的是，如果你一开始就从最低一级台阶往上走，那么你更容易到达楼梯顶端。许多人首先学习拉丁语，多年之后仍然没有大的进展，后来只好放弃了这门语言，所学的知识几乎全无用途，白白浪费了光阴。既然如此，那么那些主管年轻一代教育的官员是否可以考虑这一建议：首先学习法语，然后学习意大利语等等，是不是更好呢？年轻人利用同等时间，或许能够掌握另外一两门实用的现代语言，这些语言在日常生活中更有用武之地。

我离开波士顿十年后，经济变得较为宽裕，于是就回去看望亲友，此前我无力承担这样的费用。我在回程途中，到新港看望了我哥哥，那时他在新港开印刷所。我们早已淡忘了过去的矛盾，见面时非常友善，而且充满深情。哥哥的身体每况愈下，他觉得自己快要离开人世了。他请我答应他，万一他去世了，让我将他年仅十岁的儿子带回家抚养成人，让他儿子学习印刷知识。我按照哥哥的吩咐，先将侄子送进学校学习了几年，然后教他如何经营印刷生意。这期间，他母亲经营印刷所，直至他长大成人后接管过来。他接管印刷所时，我资助了他一套新铅字，他父亲的铅字已经非常破旧了。如此一来，我多少弥补了当年我过早离开哥哥的过失。

1736 年，我四岁的漂亮儿子感染天花夭折了，这让我非常懊悔，懊悔没有给他接种疫苗。我之所以提到此事，是为了提醒那些忽略给孩子接种疫苗的父母。我清楚一旦孩子因为这个原因夭折了，父母将永远无法原谅自己。我的例子表明了，若是两种做法都有可能招致悔恨，那么应该两相权衡然后做出相对安全的选择。

社员们觉得我们的共读社颇有益处，对这个社团都很满意。好几个人想要介绍他们的朋友加入，可是这样一来成员人数就会超过我们此前设定的上限——十二名。我们从开始就规定不许向外界透露该组织的任何信息，并且很好地执行了这个规定。我们之所以这么做，是为了避免不合适的人士申请加入共读社，或许我们很难拒绝其中某些人。我反对增加共读社的人数，认为应该起草一个书面提议——每个成员都应分别努力筹建下属分社，制定相同的规定用以探讨问题，等等，但不可告诉分社的会员们分社与共读社的关系。这个提议具有以下优点：我们可以通过我们的组织提高更多年轻市民的素质；我们能够更好地知晓居民对任何问题的看法，因为共读社成员可以提出任何我们想要探讨的问题，并且可以通过分社的反馈得知其讨论的情况；我们可以借助更多人更为广泛的推荐，在生意中赢得某些利益；我们还可以提升自己在公共事务中的影响力，通过向分社传播共读社的观点来增强我们行善的力量。

这个提议得到了认同，每个成员都着手成立分社。不过，不是所有人都取得了成功，最终只成立了五六个分社，它们有着不同的名字，如藤社、联合社、群社等等。这些分社不仅对社员自身有益，而且还给我们提供了许多乐趣、信息和指导意见。此外，它们还在相当大的程度上满足了我们先前的期望，在某些特殊事件上影响了公众的看法。关于这一点，我将按照时间顺序列举一些例子。

1736年，我当选议会书记员，这是我首次担任公职。我这次当选没有受到任何反对。议会书记员像议员一样，一年一选。次年，我再次被提名，不过一个新议员为了支持另一个候选人，进行了一番长篇大论，以此来反对我，但是，最终我还是当选了。我对此很满意，因为我除了可以得到薪金以外，还可以获得更多机会与议员来往，承接印刷选票、法律规章、纸币以及其他零散的公众业务。总的来说，这些业务利润丰厚。

有鉴于此，我不想这位新议员反对我。这位绅士财力雄厚，受过良好的教育，很有天赋，假以时日，他很可能凭借自己的天赋在议会中产生巨大的影响。后来，事实证明的确如此。不过，我并没有为了赢得他的好感，卑躬屈膝以示尊敬他，而是在一段时间以后采取了另外一种方法。我听说他的私人图书馆里收藏着一本珍贵的书，于是我就给他写了一封信，声称我想阅读那本书，问他能否把书借给我几天。他立即将书送了过来，大约一周后我还了书，又附加了一封信以表达自己深深的谢意。我们再次在议会见面时，他开口与我说话（他此前从未如此），态度非常礼貌。他之后在任何场合都很乐意帮助我，我们成为了非常好的朋友，直至最后他离开人世。这个例子再次印证了我学过的一句古老的格言——"曾帮过你的人，比你曾帮过的人，更愿意为你再次提供帮助。"这件事还证明，审慎地化解敌意，比憎恨、报复或继续怀有敌意，更为有益。

1737年，原弗吉尼亚总督、现任邮政局长斯波茨伍德上校，因不满其费城代理人疏忽职守、账目不清而将其革职，并请我接任。我欣然接受了这一任命，后来发现这么做益处颇多。尽管该职位薪资较少，可是却能使我更为便捷地递送我自己发行的报纸。报纸需求量和广告量不断增加，为我带来了丰厚的收入，我对现状很满意。此时，我的老竞争对手所办的报纸发行量相应下降。尽管他担任邮政局长时禁止邮差为我送报，但我并未对他进行报复。他由于疏于记账而遭受了巨大的损失。我提到此事是为了提醒那些为他人管理事务的年轻人，你们应该坚持按时提交清晰的账目并上缴款项。不论是寻找新的工作还是拓展新的业务，具备这一品质都是最为有力的推荐。

我现在开始有点关注公共事务了。首先从小事做起。我觉得亟须整顿的一件事情就是巡夜问题。这件事情由各区的治安官轮流负责，治安官通知轮到的户主们夜里陪同自己巡夜。那些不愿去巡夜的人每年支付给治安官六先令，这笔钱用来雇人替他们巡夜。但是，事实上，雇人根本不需要那么多钱，治安官成了肥差。治安官为了腾出时间喝点小酒，经常雇些小混混巡夜，那些体面人家的户主不愿与这些人为伍。这些人玩忽职守，常常疏忽巡逻，晚上大部分时间都在喝酒。我写了一篇文章在共读社朗读，控诉这些不正当的行为，并且着重讲到治安官向所有家庭都收取六先令的做法不公平，因为这些家庭的家境并不相同，一个贫苦寡妇需要巡夜保护的所有财产加在一起也许不超过五十镑，一个富有的商人店里的货物却值几千镑，但是现在他们付的巡夜费用竟然相同。

所以，我提出了一个更为有效的巡夜办法——雇用合适的人士长期负责巡夜，根据各家的家产按照比例收税，用这些税金支付巡夜人的薪资，这是一种更为公平的收税方式。共读社的成员赞同了这个提议，并把提议传播到了其他分社，作为分社自己提出的计划。尽管这个计划没有立即执行，但却使得人们对这项变革做好了思想准备，为数年之后颁布这项法律铲平了道路。那时共读社和分社的成员们已经拥有了更大的影响力。

大约就在这时候，我写了一篇文章，先在共读社朗读，后来发表了。这篇文章讲的是容易引发房子起火的各种意外及易被疏忽之事、预防火灾的注意事项和方法途径。人们充分讨论了这篇文章，觉得非常有用，很快就促成了一个计划——专门成立一个消防组织，以便更加迅速地扑灭大火，在险境中互相帮助搬运和抢救货物。我们不久就找到了参与这项计划的人，共计三十名成员。我们的合同条款要求，每名成员都应储备一定数量的皮革水桶、结实耐用的包裹和篮子（供打包和运输货物），这些装备应有序放置，以备不时之需，以便每次发生火灾时可以带到现场使用。我们还规定成员们一个月见一次面，大家共度一个晚上，交流关于火灾的看法，这些知识在发生火灾时或许能发挥作用。

这个组织的功用很快就显现出来了，更多的人想要加入我们的消防组织，不过我们觉得一个组织成员太多不便管理，于是建议他们另外成立一个消防组织，他们接受了建议。就这样，一个又一个消防组织成立了，后来消防组织的数目如此之多，以至大部分拥有房产的居民都成了消防组织的成员。现在我写这本书的时候，距离成立第一个消防组织已有五十个年头了，我最初组建的联合消防队仍然存在且欣欣向荣，尽管第一批成员除了我和一个长我一岁的人之外都已离世了。没有出席每月聚会的成员需缴纳少量罚款，这笔款项用于为消防组织购买消防车、云梯、消防钩以及其他实用的消防器械。我怀疑世界上是否有哪个城市比费城更擅长扑灭刚刚燃起的火苗。事实上，由于费城拥有这些消防组织，城里单次火灾至多只会烧毁一两所房子，通常起火的房子还未烧到一半，火就被扑灭了。

1739年，从爱尔兰来了一个牧师——怀特菲尔德先生。他是个巡回牧师，在爱尔兰颇有声誉。起初他获准在我们这里的一些教堂布道，不过本地的神职人员都讨厌他，很快就不准他使用他们的布道坛了，他不得不在露天场地布道。各个教派都有大量群众来听他布道，我也是听众之一。我注意到尽管他经常辱骂听众，言之凿凿地斥责他们天生一半是野兽、一半是魔鬼，但是他的演讲仍然对听众们具有超乎寻常的吸引力，他们依然钦佩他、尊重他。不可思议的是，我很快看到居民们的行为举止发生了变化。以前，他们不怎么顾及宗教，对宗教态度很冷淡，可是现在，全世界似乎都对宗教异常虔诚。晚上只要有人走过城镇，肯定就能听到每个街道上的家庭都在唱赞美诗。

人们发现露天集会很不方便，经常受到恶劣天气的影响。很快就有人提议建造一所房子用来集会，并指定了接收捐赠的人员。他们在很短的时间内就筹集了足够的款项，用这笔钱购买地皮以及建造房屋。这所房子长一百英尺宽七十英尺，大小与威斯敏斯特大厅差不多。人们豪情满怀地开展工作，还没到预定时间就早早完成了工程。房子和场地都归受托人管理。人们制定了明文规定，规定这所房子可供任何教派、任何想对费城人民传达什么的牧师使用。按照人们的计划，建造这所房子并非供某个教派使用，而是供费城所有居民使用。即使君士坦丁堡的伊斯兰教领袖派传教士来向我们宣传伊斯兰教，他们也能找到可供使用的讲道坛。

怀特菲尔德先生离开了我们，一路布道穿过了多个殖民地，后来抵达了乔治亚。那里最近才开始有人定居，不过定居者并非吃苦耐劳、勤劳苦干、习惯劳作的农民——唯一适合开拓蛮荒的人，而是破产的店铺老板和其他无力还款的债务人，还有许多是从牢狱释放出来的懒散之徒。这些人被送到这片深山老林，他们不会开垦荒地，无法忍受艰苦环境，结果就大量死去，留下许多无人抚养的无助儿童。孩子们悲惨的生活触动了怀特菲尔德先生那颗善良的心，他想要在那里建造一所孤儿院用来抚养和教育这些孩子。于是，他返回北方，宣传这项慈善活动，以便募集大量善款。他能言善辩，对听众的心灵和钱包都产生了不可思议的影响力，我就是其中一例。

我并非不赞成怀特菲尔德先生的计划，只是当时乔治亚缺少材料和工匠，有人建议花大钱把材料和木匠从费城运送过去，而我则觉得把房子建在费城，将孩子们接到这里更好。我向怀特菲尔德先生说出了我的想法，不过他执意执行最初的计划，没有接受我的建议，所以我拒绝捐款。没过多久，我恰巧去听他布道，听他布道时我察觉到他可能会在结束时进行募捐,我暗暗下定决心,一个子儿也不给他。我当时口袋里有一把铜币、三四个银币和五个金币。随着他的布道不断深入,我开始动摇,决定把铜板给他。在他深入人心的鼓动下,不一会儿我便觉得只捐铜币太羞愧了,决定把银币也捐出去。他布道的结束语更是令人钦佩,最终我倾尽囊中所有,把身上所有的钱包括金币都放进了募捐者的盘中。我们共读社还有一名成员也来聆听布道,他与我在关于在乔治亚建设孤儿院的问题上观点一致,他意识到布道结束时会有募捐活动,就在出门之前掏空了口袋。然而在布道快要结束时,他非常想要捐点钱,为此就向站在他旁边的邻居借钱。不幸的是,他借钱的对象或许是全场唯一意志坚定、不为布道者所动的人。这个人答道:"我的朋友,霍普金森,若是在其他任何时候,我都会二话不说地借钱给你,但是现在不行,因为你似乎神志不清。"

怀特菲尔德先生的某些对手以为,怀特菲尔德先生会将募捐所得据为己有。我与他来往密切(我当时承印他的布道文、日记等),毫不怀疑他正直诚实的品质,至今仍然坚定地认为他一贯做事可靠,是个绝对诚实的人。在我看来,我对他的好评应该更有分量,因为我们没有宗教关联。事实上，他有时的确祈祷我能皈依宗教，但他却从未因为相信这一祷告会成为现实而感到满足。我们仅是世俗的挚友，彼此以诚相待，终生保持友谊。

以下的事情多少可以说明我们的交情。有一次他从英格兰来到波士顿，写信给我说他不久要来费城，但是不知到时可以借宿何处，他以前都是住在老朋友贝内泽先生家，不过他听说他们搬家到日耳曼镇去了。我给他回信："你知道我的住处，如果你愿在寒舍将就，你将受到最为衷心最为热烈的欢迎。"他回信说，如果我看在上帝的份上，好心地为他提供帮助，我必定会有好报。我回复道："不要误解，我并非是看在上帝的份上，而是看在你的分上。"我们都认识的一位朋友打趣道，我知道圣徒们在得到任何帮助时，都习惯从自己肩上卸下人情放到天上，而我却设法将它们固定在地上。

我最后一次看到怀特菲尔德先生是在伦敦，当时，他向我征询意见，聊到孤儿院的问题时，他说想把它改建为一所学校。

怀特菲尔德先生声音洪亮清晰，一字一句毫不含糊。尽管听众很多，可是大家都尽量保持安静，即使离他很远也能听清他的演讲。有一天晚上，他站在法院门前最高一级台阶上布道。法院地处市场大街中段与第二大街西段交叉口，两条街上都站满了听众，延伸至很远的地方。当时我站在市场大街后面的人群里，很好奇他的声音到底能传多远，于是就沿着街道向与他方向相反的河边走去。我发现一路上都能听得清清楚楚，直至走到前街附近才听得模糊，那条街上的噪音盖过了他的声音。想象一下：以他与我的距离为半径作半圆，若这个半圆里站满了听众，假设每人占地二平方英尺，那么超过三万人都可以听清他的演讲。报纸上报道他曾在室外向二万五千万人布道，历史记载古代将军面向全军演讲，我以前对此有所怀疑，现在相信了。

我经常听他布道，能够轻易区分出他新近创作的布道文和他在旅途中多次演说的布道文。他在演说后一种布道文时，由于经常重复，不断完善，每个音符、每个重音、每次音调变化都异常精准，堪称完美。一个人即使对他所讲的主题不感兴趣，也会情不自禁地从演讲中得到乐趣，听他演讲如同聆听悦耳的音乐，异常愉悦。这是巡回教士较之于定居教士的优势，后者无法通过多番重复相同的布道内容进行提高和改善。

可是他的文章和出版物却不时授予对手以把柄。布道的时候若是说话大意，甚至发表了错误的观点，之后还可以进行解释，或是换个相近概念，或是矢口否认，可是，白纸黑字却是长久留存。批评者们激烈地抨击他的文章，这些人表面看似振振有词，目的却是减少他的信徒，防止他的信徒增加。我认为他若从未写过文章，或许会留下一个信徒更多、更有地位的教派。如此一来，他的名声会变得更响，甚至在他离世之后也依然如此。他没有留下文章，别人自然无法加以责难，也就无法贬低他的地位。追随他的信徒们，就可以基于对他的热烈膜拜，将他塑造成他们想象中的形象，使他拥有多种多样他们希望他拥有的优秀品质。

我的生意规模不断扩大，生活日益舒适。我办的报纸利润颇为丰厚，一度成为宾夕法尼亚以及邻近地区唯一的报纸。我也亲身体验了前人的经验之谈——"获得第一个一百镑后，更容易获得第二个一百镑"，钱本身可以生钱。

在卡罗莱纳的合伙经营很成功，我大受鼓舞，建立了更多的合伙关系。我提拔了好几名表现良好的工人，资助他们在不同殖民地开办印刷所，和他们的合伙条件与在卡罗莱纳的合伙条件相同。他们大部分人都做得很好，在六年合同期满时能买入我的铅字，继续独立经营店铺，通过这份职业养家。合伙往往以争吵收尾，但让我高兴的是，我和他们无论是在合伙时还是合伙结束时都很友好。我想，这主要是因为我们预先在合同中进行了明确的规定——每个合伙人应该做的每件事情，以及每个合伙人想要得到的每件东西，所以不存在什么争议。因此，我提醒所有步入合伙关系的人都要提前采取预防措施。不管合伙人在签订合同时多么互敬互信，但在生意打理和承担责任方面总会产生一些不够平等的想法，滋生轻微的嫉妒和厌恶情绪等等，这往往会造成关系破裂、友谊终止，或许还会打起官司，导致其他不愉快的结果。

我在宾夕法尼亚成家立业。总的来说，我有充足的理由对这个地方感到满足。不过我对两件事情感到遗憾：这里没有防御设施，没有民兵组织；这里没有完善的青年教育体制，没有学院。1743年，我起草了一份建立学院的提议。当时，我觉得赋闲在家的一位教士——彼得斯先生是管理这个学院的合适人选，我与他沟通了这个计划。但是他认为，为领主们服务更为有益，而且他也成功地找到了那样的职位，从而婉拒了管理学院的工作。我当时没有其他可以托付的合适人选，计划不得不搁置了一段时间。第二年，即1744年，我提议建立哲学学会，这件事情较为成功。我为此写了文章，收录在文集里，你们可以从中找到。

至于防务问题，西班牙多年来都在与大不列颠打仗，后来法国也参与了进来，这就使得我们的处境非常危险。我们的托马斯总督长期以来付出了艰辛的努力，力图劝说贵格会议会通过民兵组织法律，并制定其他维护本地安全的法律条款，结果却徒劳无功。我决定试一试，看看志愿民兵组织能做些什么。为了推进此事，我首先撰写并发表了一份题为《显而易见的真相》的小册子，重点阐述了我们缺乏防务的处境，声明有必要为了防御而联合训练，并承诺不日将组建民兵组织，请广大民众签名拥护。这本小册子很快收到了惊人的效果。我被邀请去起草民兵组织的章程。我与几个朋友一起拟好了章程，然后在前文提过的那所大房子里召开市民大会。房子里人们坐得满满当当的，我提前印刷了多份章程，还在房间里的多个地方放上了笔墨。我向他们作了简短的演讲，然后朗读章程并进行阐述，之后分发了那些章程。人们急切地签上自己的名字，我们没有受到丁点儿反对。

散会之后我们统计了收上来的章程，总共有一千两百多份。其他章程则分发到了本地区的各个角落，最终签名者共计一万多人。这些人凭借自己的力量尽快配备了武器，自发编成了连队、团队，还自行选择了长官。此后他们每周见面，接受体能训练以及军事纪律方面的指导。妇女们也自行组织起来，制作军旗献给军队。这些军旗上印有不同图案和格言，图案和格言都是我提供的。

这些连队的军官组成了费城军团。在军团的会议上，军官们推举我为团长。我深知自己不适合这个岗位，于是就婉言谢绝，然后推荐了劳伦斯先生。他品德高尚，颇有影响力，获得了任命。之后我提议发行彩票，用以筹集在城南建立一尊炮台并配备大炮的费用。我们迅速凑足了资金，炮台很快就建立起来了。我们还建造了城齿，用原木搭建框架，然后用泥土填满。我们从波士顿买来了一些旧炮，但是还是不够用，又向英格兰写信订购，同时还向我们的领主们寻求帮助，不过没抱多大希望。

与此同时，我和劳伦斯团长、威廉·艾伦及艾布拉姆·泰勒被兵团派往纽约，奉命向克林顿总督借一些大炮。总督起初断然拒绝。后来，在我们与咨议会共同进餐时，大家按照当时当地的习俗喝了大量的马得拉白葡萄酒，总督逐渐松了口，说愿意借给我们六门大炮。又有几大满杯酒下肚之后，他增加到了十门大炮。最后他非常爽快地答应借给我们十八门。这些都是质地精良的十八磅大炮，配有炮架。我们很快将这些大炮运了回去，装在炮台上。战争期间，士兵们每晚都在炮台上看守，我也和其他普通士兵一样定期值班。

我积极参与这些事务，颇受总督及咨议会的赏识。他们很是信任我，每次采取可能有益于军团的措施时，都会征询我的意见。我为了寻求宗教支援，提议举行一次斋戒活动，以此促进革新并祈求上天佑护我们的事业，他们很欣赏这个提议。由于这在本地区是第一次，所以秘书在起草公告时没有先例可循。新英格兰每年都要举行一次斋戒活动，我在那里所受的教育在此派上了用场。我按照惯用格式起草了公告，并将公告译成法文，使用英法双语同时印刷，之后在整个地区公布。这为各个教派的神职人员提供了机会，他们可以借此机会鼓励会众加入军团。倘若和平没有那么快降临的话，那么贵格会以外所有教派的教徒都很有可能纷纷加入军团呢。

我的有些朋友认为，我积极参与这些事务可能会得罪贵格会，会失去在本地区议会的利益，毕竟议会大部分成员都是贵格会教徒。有一位同样在议会有些朋友的年轻绅士希望能够接替我成为议会书记员。他信誓旦旦地告诉我下次选举时他必定能够取代我,还说他出于好心建议我主动辞职,主动请辞较之被人罢免更为体面。我回答他道:"我在书中读过或听人说过,有些公众人物制定了一条规则——从不寻求职位,但若受邀担任某职,也从不拒绝。我同意他们的规则,但是还要加上一条,我永不寻求职位、永不拒绝职位,也永不主动辞职。如果他们罢免我,让其他人担任书记员,那就让他们罢免我吧。我不会辞去职务,不会放弃终有一天可以向对手反击的权利。"后来,我再也没听过这样的话。下一次选举时,我还是像以往一样全票当选。我想,他们大概不喜欢我近来与咨议会成员来往密切,因为咨议会成员与总督卷入了关于军事战备的所有纷争,而地区议会长期受到这些纷争的烦扰。如果我选择自愿离开,他们或许会很高兴。可是,他们又不想仅仅因为我热衷于军团事务的原因就罢免我,一时又找不到其他合适的理由。

事实上,我有理由相信,只要不要他们自己出力,任何人都不反对地区防务。我还发现,他们中许多人尽管反对进攻性战争,却明确支持防御性战争,这类人比我想象的还要多。防务支持方和反对方就防务问题印刷了许多小册子。有些支持防务的小册子由优秀的贵格会教徒撰写，我相信他们所写的内容已经说服了大部分年轻的贵格会教徒。

发生在消防队的一件事，让我有机会深入了解大部分贵格会教徒的观点。有人提议将消防队当时积蓄的六十镑拿来购买彩票，以此实施建造炮台的计划。根据我们的规定，只有在提议提出后的下一次会议上，才能决定如何使用资金。消防队共有三十名成员，其中二十二名成员是贵格会教徒，只有八名成员属于其他教派。我们八人准时参加了会议。尽管我们认为有些贵格会教徒会加入我们，但是我们绝对不可能成为多数。只有一个贵格会教徒——詹姆斯·莫里斯先生反对这一举措。他说，他很遗憾有人提出这一提议，所有贵格会教徒都会反对这个提议的，提议产生的严重分歧可能会导致消防队解散。我们告诉他，绝对不可能发生这样的事情。我们在人数上是少数，如果贵格会教徒反对这项举措，以多数票否决了我们，我们一定会遵循所有社团协会的做法，服从大家的决议。投票表决的时间到了，他准许我们此时按照规章进行表决。不过他向我们建议，如果延后一段时间投票表决将会更为公正，因为有些成员打算前来否决。

我们正为此事争论不休时，一个侍者过来告诉我，楼下有两位绅士想要与我谈话。我下了楼，发现这两位绅士原来是我们消防队的贵格会教徒。他们告诉我，有八个贵格会教徒聚集在附近一家酒馆，他们决定如果有必要的话，就前来投票支持我们。不过他们希望事态不要发展到这个地步，希望我们能够在没有他们表决支援的情况下通过提案，因为他们如果投票支持了这个提案，可能会因此受到牵连，与长辈和朋友产生不和。这样一来，我确信支持提议的人占有多数，我回到楼上，故作一番犹豫，然后同意将投票推迟一个小时。莫里斯先生同意了，称这种做法十分公正。令他极为震惊的是，他那些反对提案的朋友一个也没有出现。投票时间到了，我们以八比一通过了决议。总共二十二个贵格会教徒，其中八个愿意投票支持我们，十三个没有出席，表明他们不愿意反对这项提案。后来，我估计真正反对防务的贵格会教徒比例只占二十二分之一。这些成员向来准时参加活动，在会里享有良好的声誉，也都接到了通知，知晓这次会议讨论的内容。

　　洛根先生博学多才，德高望重，一直属于贵格会。他发表了一封致本派教友的信函，声明他支持防御性战争，并且以许多强劲有力的论据论证了自己的观点。他交给我六十英镑，让我代为购买为筹建炮台而发行的彩票,并声明无论得到什么奖项,都全部捐献给这一事业。关于防务问题,他还告诉我一件他前主人威廉·宾的轶事。他年轻时是领主威廉·宾的秘书,与威廉·宾一起从英格兰来到美洲。当时是战争期间,途中,他们的船被一艘武装船追逐,他们推测那是敌船。船长准备进行防御,同时告诉威廉·宾及其贵格会教徒随从,不指望得到他们的帮助,他们可以退回船舱。他们的确这么做了。只有詹姆斯·洛根选择留在甲板上,他被指派执掌一门大炮。原以为对方是敌人,后来证明是朋友,自然也就没有交火。不过秘书下到船舱报告情况时,威廉·宾痛责他不应留在甲板上帮助保护船只,说这违背了贵格会教徒的准则,尤其是在船长没有要求的情况下。秘书在所有同伴面前受此谴责,觉得自尊心受到了伤害,答道:"我是你的仆人,你为什么不命令我下来呢?恰恰相反,当你认为存在危险时,非常愿意我留在上面保护船只。"

地区议会里向来大多数成员都是贵格会教徒。我在议会待了很多年,常有机会见到王室申令议会发放军事款项时贵格会议员所处的尴尬境地,因为发放军款违背了他们的反战原则。他们既不敢直接拒绝,触犯英王政府,又不愿违背原则,顺从国王的旨意,得罪大多数贵格会教友。于是他们就找各种各样的借口进行推托，实在无法推托时就变相发放款项，最常采用的方式是以"国王费用"的名义发放。他们从不过问款项用于何处。

不过如果并非国王直接下令，那么采用这个名目就不合适了，需要另外想些其他名目。例如：缺少火药的时候（我认为应该是为了供路易斯堡驻军使用），新英格兰政府向宾夕法尼亚请求资金支援用以购买火药。托马斯总督极力促进议会通过此事。贵格会议员们不能拨款购买火药，因为火药是战争物资，不过他们投票通过了决议，给新英格兰提供三千英镑援助，交予新英格兰总督管理，供其购买面包、面粉、小麦或其他粮食。咨议会有些成员想要使地区议会更为难堪，建议总督不要接受这笔拨款，因为这不是他所要求的款项。不过总督说道："我会收下这笔钱，因为我非常理解他们的用意——其他粮食就是火药。"总督用这笔钱买了火药，地区议会从未就此事提出抗议。

我担心购买彩票的提议在消防队无法通过。正好受到议会此类事情的启发，就对同是消防队成员的朋友塞恩先生说："如果我们的提议没有通过，那么就推动用这笔钱购买救火机①,贵格会教徒不会反对此事的。到时你我相互提名,组成购买委员会。我们购买一门大炮,大炮当然是火器②了。""我明白了!"他说,"你在议会待了这么久,进步不小啊!你这模棱两可的表达与他们的'小麦或其他粮食'简直异曲同工。"

贵格会教徒确立并公布了任何战争都是不正当的教义。他们公布这一教义后,即使后来改变了想法,也无法轻易摆脱该教义的束缚。贵格会教徒面临的这种尴尬处境,让我想起了德美浸礼会教派的做法,我觉得该教派的做法更为审慎。德美浸礼会教派成立后不久,我认识了该教派的一个创始人——迈克尔·韦尔菲。他向我诉苦说,其他教派的狂热信徒恶语中伤他们,污蔑他们有一些令人憎恶的教义和行为,其实这完全是无中生有。我告诉他,新成立的教派总会遇到这样的麻烦,为了终止其他教派的辱骂,我想公布信条及教义会比较好。他说,他们教派曾经有人提过这个建议了,不过大家因为以下原因没有同意。"我们最初走到一起成立教派时,"他说,"上帝乐意给我们以启示,让我们明白某

---

① 英语原文中为 fire-engine,既可按通常意义理解为救火机,又可按字面意思理解为火器,此处巧用双关语。
② 见注①。

159

些我们曾经以为是真理的教义实则是谬误,某些我们曾经以为是谬误的教义实则是真理。上帝乐意不时点拨我们,给我们更多启示,我们的信条一直在进步,我们的错误一直在减少。现在我们并不确定自己是否已经取得最终的进步,也不确定我们的灵性知识或神学知识是否已经达到完美。我们担心一旦印刷我们的信仰声明,我们就会觉得自己似乎受到声明的束缚,或许会不愿进一步改善,我们的继任者更会如此,认为我们——他们的前辈和教派创始人所做的事情神圣不可偏离。"

一个教派具有这样谦逊的态度,这在人类历史上或许只是个例。所有其他教派都认为自己绝对正确,那些不同于己者到目前为止都是错误的。这就好比一个人在雾天出行,他看到前方隔些距离的人被雾包裹着,自己后面的那些人也在雾中,路的两边田野上的那些人也在雾中,但是自己周围的一切看起来却清晰可见,尽管事实上他也和其他任何人一样身处雾中。为了避免这种尴尬,贵格会教徒近年来逐渐减少在议会及行政部门担任公职。他们宁愿放弃权利,也不愿放弃原则。

按照时间顺序,我本该在前面提到一件事。1742年,我发明了一种开放式火炉。由于这种火炉的空气在进炉灶时就得到了预热,所以既可以改善供暖效果,又可以节约燃料。我做了一个火炉模型,送给老朋友罗伯特·格雷斯作为礼物,因为他有一个炼铁炉。他发现铸造制作这些火炉的金属板利润丰厚,其需求也越来越大。为了扩大这种需求,我撰写并发行了一本题为《新近发明的宾夕法尼亚壁炉说明书》的小册子,详细阐述了壁炉的构造及工作原理,还介绍了这种壁炉与其他室内供暖用具相比所具有的优点,答复了所有反对使用此种壁炉的意见,消除了人们的顾虑。这本小册子反响很好。托马斯总督读了小册子,对其中介绍火炉结构的部分很满意,主动提出为我颁发专利,让我享有一定年限内独家出售这种火炉的权利。不过我基于自己在此种情况下的一贯原则——由于我们受益于他人的伟大发明,因此我们应该乐于有机会通过自己的发明服务他人,而且应该无偿慷慨地服务他人,于是就委婉地谢绝了。

伦敦的一个五金商人窃取了我小册子中的大量内容,加以整理变成自己的东西,对火炉做了一些微小的改动,这些改动或多或少影响了火炉的工作。他在伦敦取得了专利,我听说他还凭此小赚了一笔。这并不是我唯一一次被他人盗取发明专利,尽管那些盗取专利的人并非都能像他一样取得成功。我无意通过专利谋利,也憎恶争来争去,因此从未与这些盗取专利之人争辩。宾夕法尼亚及邻近殖民地的许多家庭都采用了这种火炉，居民们为此节约了大量木材。

战争结束了，军团事务也就结束了，于是，我再次考虑建立学院的事情。首先，我联合了一些积极活跃的朋友共同商讨此事，这些人大部分都是共读社成员。其次，我撰写并发行了一份题为《宾夕法尼亚青年教育之建议》的小册子，并将小册子免费发放给本地的显要人士。我觉得他们读过小册子、有了一定的思想准备之后，我就可以立即着手募捐创办学院以及维持学院运转的资金了。募捐分五次进行，每年捐款一次，为期五年。我想这样分期捐款，可以募集到更多的款项。事实也的确如此。如果我没有记错的话，捐款数目总共不少于五千英镑。

我在建议书的开头声明，此事并非我的想法，而是一些具有公益精神的绅士们的共同倡议。我按照自己一贯的作风，尽可能避免让自己以某个公益计划的发起人的身份出现在公众面前。

捐献者为了立即实行这个项目，就从他们自己中间推选出二十四名托管人成立了理事会，并指定时任总检察长的弗朗西斯先生和我共同起草学院管理章程。章程起草好了，也签订了，并租了房子，还聘请了老师。我想，应该是在同一年，即 1749 年，学校开始上课了。

学生人数迅速增加，房子很快就不够用了。我们寻找位置合适的地皮，准备建立校舍。就在这时候，感谢上帝，我们的面前出现了一所现成的大房子，只要稍加改动就能被当作校舍使用。这就是我们先前提过的那所房子，即聆听怀特菲尔德先生布道的居民们所建造的那所房子。我们得以使用这所房子，原因如下：

不同教派的人们捐资建造了这所房子，人们提名托管人组成理事会管理房子及其地皮时，特别留意不让任何教派占有优势，唯恐将来占有优势的派别将房子全部留作本派使用，从而违背了人们建造这所房子的初衷。每个教派都选出了一个托管人，即一个英格兰国教教徒、一个长老会教徒、一个浸礼会教徒、一个摩拉维亚教徒等等。一旦某个托管人去世，托管人职位空缺，就从捐献者中重选一位。那个摩拉维亚托管人不讨其他托管人的喜欢，在他去世后，他们决定不再选择该教派成员加入理事会。不过当时的难题是，选择新的托管人时如何避免其他派别在理事会拥有两个席位。

好几个人曾被提名，但都因为上述原因未获通过。最后有人提到了我，说我为人诚实，不属于任何教派，这使得他们选择了我。人们建造这所房子时的热情早就

163

消退了，托管人无法获得新的捐款，用以支付地皮租金及偿付因这所房子所引起的其他债务，这使得托管人的处境非常窘迫。现在，我同时是两个理事会——房子理事会及学院理事会的成员，有机会与两个理事会进行协商，最终促使他们达成协议。协议规定：这所房子的托管人将房子转让给学院的托管人，后者负责偿还债务、遵循初衷永久开放房子的一个大厅供教士不时之需，并且免费接受家境贫寒的孩子入学。按照这份协议，双方签订了合同。学院理事会偿付债务后，接管了这所房子及其地皮。我们将宽阔高大的大厅分成两层，楼上楼下的多个房间用作教室，又另外购置了一些地皮。整个场所很快就被整理好了，整理成符合学院的用途的房子，之后学生们搬进了这栋房子。在这期间，许多操心出力的事都落在了我身上：与工人商谈房子事宜、购买原料、指挥施工。不过，我很乐意做这些事情。此时我已无须再打理私人生意，因为前一年我有了一个能力出色、勤勉诚实的合伙人——大卫·霍尔先生。我很了解霍尔先生的品德，他此前就已为我工作过四年。他从我手中全权接管了印刷所的生意，按期给我分红。我们的合伙关系持续了十八年，双方都获得了极大的利益。

不久总督颁发了特许执照，学院的托管人成为法人代表。大不列颠拨予了资金，领主划拨了土地，议会也给予了大量钱款，学院的资金变得更为充裕。现今的费城大学就这样创立了。我在学院创立之初便是托管人之一，现在已有将近四十年的时间了。我非常欣慰地看到，许多年轻人在这里接受教育，增长自己的才干，出类拔萃，担任公职，服务大众，为国家增光添彩。

如上所述，我将自己从私人生意中解放出来后，自以为已经获得一定的资产，虽然数目尚属中等，但足够我余生利用闲暇时光快乐地进行科学研究。斯宾塞博士从英格兰到这里演讲，我买来他的全部设备，欣然做起了电学实验。不过公众以为我现在很闲，总是让我为他们效力。政府的各个部门几乎同时赋予我某种责任：总督让我加入治安委员会；市自治结构选我为市议会成员，很快又选举我为市政官；全市市民选举我为地区议员，在地区议会代表他们。我最喜欢最后一个职位，因为我厌倦了坐在那里听他们辩论，我先前作为书记员无法参与。这些辩论往往了然无趣，我只得画一些玄妙方阵或圆环自娱，或做些其他事情用以解闷。我还认为成为地区议会的议员，可以提高自己行善的能力。不过，我不会暗示我没有因为这些晋升而高兴。我当然因此而高兴。鉴于我出身低微，如今获得这些职位，对我来说，确实很了不起。特别令我高兴的是，这些都是公众自发认同我的见证，我完全没有主动谋求这些职位。

我尝试担任了一段时间的治安法官，参加审判，受理诉讼。不过我发现要胜任这一职务，我所具备的那点习惯法知识并不够用。于是，我借口要在地区议会履行立法者的更高义务，逐步从治安法官的职位上退了下来。我连续十年当选为地区议会议员，尽管自己从未请求任何选举人将选票投给我，也从未直接或间接表示我想要当选。我在议会出任议员之后，我的儿子被任命为书记员。

次年，我们准备与印第安人在卡莱尔谈判。总督通知地区议会，建议议会指派几名议员与咨议会的几个成员共同担任参加这次谈判的专员。地区议会指派了我和议长诺里斯先生，我们奉命前往卡莱尔去见印第安人。

这些印第安人极易喝醉，醉了又很喜欢吵架，非常混乱无序，所以我们严禁售酒给他们。他们抱怨限酒令时，我们就告诉他们，如果他们在谈判期间不喝酒，我们就会在谈判结束时给他们大量的朗姆酒。他们承诺谈判期间不喝酒，也履行了诺言，因为他们确实也买不到酒。谈判有序进行，谈判结果双方都很满意。谈判结束后，时值下午，他们要朗姆酒，我们给了他们。他们男女老少将近一百来人，住在城外的临时小木屋里，这些木屋组成了一个正方形。傍晚时分，专员们听到他们那里人声嘈杂，就去看看发生了什么事情。我们发现，他们在木屋组成的正方形中间燃起了一大堆篝火。男男女女都醉醺醺的，互相吵闹厮打。只有在篝火昏暗的火光下，才能看见他们半裸着的深色身躯。他们相互追逐着，拿燃烧的木头厮打着，发出可怕的嚎叫声，其情形犹如我们想象中的地狱。我们意识到骚乱无法平息，只好返回住处。深更半夜之时，许多印第安人来到我们门口，嚷嚷着还要朗姆酒，我们没有理会。

第二天，他们清醒过来，意识到不该打扰我们，就派了三名长老过来道歉。致歉者承认了他们的错误，把错误推在朗姆酒上，接着又竭力为朗姆酒开脱，说道："伟大的神灵创造了一切事物，赋予万物各自的作用，不管他为各物设计了何种用途，该物都应永远如是使用。既然他创造朗姆酒时说过'让它成为印第安人的陶醉之物吧'，那就必须如此。"的确，如果上帝计划灭绝这些野蛮人，为这片土地的耕耘者腾出地方，那么，朗姆酒就是上帝选定的工具，这似乎也并非不可能。这酒已经毁灭了先前住在海滨的所有部落。

1751年，我的一位非常特别的朋友——托马斯·邦德医生，萌生了在费城建立一所医院的想法，以便收容和治疗家境贫寒的病人，不管是本地居民还是外来人士。这个设想是一大善举，有人将之归功于我，其实最初是托马斯·邦德医生提出来的。他积极主动地努力为此募捐，不过这个提议在美洲还很新奇，人们起初并不怎么理解，因此他的努力收效甚微。

最后他找到了我，恭维说，他发现要推行一项公益计划，没有我的参与根本就行不通。"因为，"他说，"我向人们募捐时，他们经常会问我，你与富兰克林商量过此事吗？他怎么看？当我告诉他们我没有时（因为我觉得这与你的事务没什么交集），他们就不会捐款，只说他们会考虑一下。"我询问他这个计划的性质及其可能达到的功效，得到了一番满意的解答。我不仅自己捐了钱，还热忱地与他一起请其他人募捐。不过我在请其他人捐款之前，先撰写了一篇以此为主题的文章刊登在报纸上，好让人们有个思想准备。这是我处理此类事情的惯常做法，他却忽略了这一点。

接下来，人们慷慨大方地进行了捐款，但是不久以后，捐款就开始减少了。我明白没有地区议会的资助，根本就募集不到足够的资金，于是建议请求地区议会拨款。这个建议很快实行了。乡下议员最初并不支持这个计划，他们认为这个计划只对城市居民有益，城市居民应该独自承担费用。他们还怀疑市民本身是否普遍支持这个计划。我的意见却恰恰相反，认为这个计划广受市民支持，我们仅凭募捐就能筹集到两千英镑。他们觉得我们痴心妄想，认为这完全不可能。

对于这个问题，我拟定了自己的计划。我请求议会同意推行一项法案，依照捐款人请愿书中的恳求将他们组成一个法人组织，并且暂且答应给他们拨款。议会同意了这个请求，主要基于这样的考虑——如果议会不喜欢这个法案，就可以否决这个法案。我起草法案，以便将重要条款写成条件条款，即"一俟满足下列条件，本法案即可受到当局认可成为法律：所述捐款者开会选举出他们的管理人员及财务人员，并且通过捐款募得两千英镑（其年息将用于帮助该医院的贫苦病人，免费提供饮食、看护、诊断及药品），使时任议长对募捐感到满意，届时本法案方对议长合法，议长需按照要求签署命令，令地区财务主管向该医院财务人员拨款两千英镑，用于开办、筹建及装修该医院。"

这一条件使法案得以通过。那些原本反对拨款的议员，认为现在不花分文就能赢得慈善的美名，于是就欣然同意了。我们之后在民众中募捐时，将该法案的这个前提条件作为敦促民众捐款的又一动力，因为每个人的捐款都可能翻倍。如此一来，这个条款对两方都起到了作用。捐款很快就超过了必需数目，我们向政府提出资助的要求，也如愿收到了拨款。这使得我们有能力执行这个计划，很快，我们就建造了一幢便利又美观的大楼。人们多番体验，发现这家机构非常有用，直至今天该医院仍然欣欣向荣。我不记得当时耍过什么政治手腕，这次成功带给我更多的是愉悦。事后回想起来，我在这种愉悦中轻易就宽恕了自己曾略施小计。

约莫这时候，另外一个项目的规划者——吉尔伯特·坦南特牧师找到了我，请我帮他募集捐款建造一座新会堂。这座会堂将供他召集起来的一批长老会教友使用，这些教友起初是怀特菲尔德先生的信徒。我不愿频繁地向市民募捐，免得他们厌恶自己，所以就坚决拒绝了。他又想要我给他提供一份名单，让我根据经验列出那些慷慨大方、热心公益的人的姓名。我觉得这么做也不合适——在他们好心同意我的捐款请求后，列出他们的姓名使其受其他乞讨者困扰，因此我也拒绝列出这么一份单子。最后他请我至少给出一些建议。"这个，我很乐意，"我说，"首先，我建议你向所有你知道愿意多少捐些钱的人募捐；其次，向那些你不确定是否愿意捐钱的人募捐，并给他们看已经捐过钱的人的名单；最后，不要忽略那些你确定不会捐钱的人，因为你可能误解了他们中的一些人。"他大笑起来，向我表示感谢，说他会采纳我的建议。他的确这么做了，他向每一个人都募捐了。他最后筹集到的款项远远超过预期。他用这笔钱建造了一座宽敞雅致的会堂，那座会堂至今仍然矗立在拱门街上。

我们这座城市，尽管布局整齐美观，街道宽阔笔直、直角相交，但是有些街道始终没有铺设路面。下雨天沉重的车轮将街道碾压得泥泞不堪，导致人们在街上难以通行，有损我们城市的形象；遇上干燥的天气，又尘土飞扬，令人难以忍受。我曾住在泽西市场附近，看到居民们出门买东西时费劲地蹚着泥浆，心里很不舒服。后来市场中心的一段道路终于铺上了砖，人们进入市场之后有了坚实的立足之地，不过人们到那里时鞋子往往已沾满了泥浆。我提及此事，还写了文章，终于促使市场外到砖面道路之间的地方铺上了石子，石子路面一直铺至街道两面的房子。这样一来，那段时间人们不必弄脏鞋子便可到达市场。不过其余路段还没有铺上路面，每当马车从泥泞中驶上铺过路面的道路时，就会把泥浆抖落在路面上，路面很快就泥泞不堪了。当时这座城市还没有清道夫，当然也就没有人清除这些泥浆。

我经过一番打听后，找到了一个勤快的穷人，他愿意清洁这些路面，每周扫两次大街，将每家住户门前的垃圾运走，每家每月给他六便士。我撰写并印刷了一篇文章，向附近居民详细解释了花这点小钱可以获得的益处。因为没有污泥粘在鞋子上进入室内，所以我们的房子更容易保持干净；因为买东西的人更容易到达店里，所以商店会有更多顾客；起风的日子，灰尘也不会吹进店里落在货物上；等等。我将文章印刷出来后，给每家都送了一份，一两天后去看谁签了协议，愿意交这六便士。家家都签了协议，协议很好地履行了一段时间。市场附近的路面干干净净，为所有市民提供了方便，大家对此都很满意。这促使市民普遍想把所有街道都铺上路面，还促使人们更愿意为此缴纳税款。

过了一段时间，我起草了一份为全市铺路的议案，将之提交到地区议会。这是在1757年，在我去英格兰之前。直到我离开美洲后，这个议案才通过。他们修改了摊款方式，但我觉得不改更好。除了铺路，他们还增加了安装街灯的条款，这是一个很大的改进。这个想法源自已经过世的约翰·克利夫顿先生。他在自家门前装了一盏灯，以实例表明了路灯的功用，人们这才首次萌生了在全市安装街灯的想法。有人将这项公益事业的荣誉也归之于我，其实这荣誉应当属于那位先生。我仿效了他的做法，仅在路灯构造方面略有助益而已。我们的路灯不同于最初从伦敦购买的那些球形灯。我们发现那些球形灯存在诸多不便：灯的下方没有空气进入，烟尘不容易从上方排出，只能在灯的内部循环往复，黏附在灯的内壁上，很快就遮挡了本要发出的光亮；每天都要擦拭灯壁，增加了不少麻烦；若是一不小心碰到，整个灯都会碎掉，从而变得毫无用处。因此，我建议用四块平面玻璃组成灯壁，上面装一个细长的烟囱以便烟尘上升，下方留些空隙流入空气使得烟尘更易上升。这样一来，灯壁就能保持干净，不像伦敦的那些街灯，照上几个小时后就变得昏暗无光了，而是明明亮亮地照到天明。若是偶然碰撞一下，一般也只是损坏一块玻璃，更加容易修理。

我有时候挺纳闷，沃克斯豪尔的圆形灯底部留有效应孔，灯壁保持得干干净净，为什么伦敦人就不学习学习，在他们的街灯上也留一些孔呢？不过沃克斯豪尔的灯开这些孔是为了另外一个目的——通过穿过孔的一根细亚麻线更加迅捷地将火焰送往灯芯，至于流入空气这一用途，人们似乎没有想过。伦敦的街灯点了几个小时后，街上就一片昏暗了。

提到这些改进措施，我想起了我在伦敦时曾给福瑟吉尔博士提过的一个建议。弗瑟吉尔博士是我认识的最优秀的人士之一，是许多实用计划的伟大倡导者。我注意到天气干燥时，这里的街道从来没有人清扫，灰尘到处飞扬。人们任灰尘积聚，直至雨天化成泥浆，没过几天街道上就积了厚厚的一层烂泥。除了穷人用扫帚清理出的小道之外，街上根本无法通行。人们费力地将烂泥耙到一起，倒进上方敞口的车子里。每每车子在路上颠簸，就会洒下一些烂泥，落在附近的路面上，惹得行人很是恼怒。人们解释说，之所以不扫尘土飞扬的街道，是因为灰尘会飞进街道两边的房子和店铺的窗户。

一件偶然发生的事情让我明白了一小段时间可以清扫多少路面。一天早上，我在克雷文大街的住所门口，看到一个贫穷的女人正拿着一把桦木扫帚清扫我家门前的街道。她看起来苍白虚弱，好像大病初愈的样子。我问是谁雇她来清扫路面的，她说："没有人雇我。可是我非常穷，处境艰难，就在富贵人家门前扫街，希望他们能给我点什么。"我让她把整条街都打扫干净，承诺在她扫完后给她一先令。当时是九点钟，十二点钟时她来拿钱。我起先见她扫得慢，几乎不敢相信她这么快就扫完了，于是叫佣人去查看，佣人回来说整条街道都已打扫得干干净净，所有尘土都扫进了道路中间的排水沟。后来雨水把这些尘土都冲走了，路面甚至连排水沟都干干净净。

于是我断定，既然那么孱弱的妇人能在三小时内扫完整条街，那么一个强壮肯干的男人可能用一半的时间就能完成。我在此讲讲，在这么一条狭窄街道的中间挖一条下水道，而不是在街道两边的人行道附近各挖一条下水道的方便之处：所有落到街道上的雨水都会从两边流淌到中间，在那里汇合成一股强劲的水流，水力足够将遇到的所有泥土冲走。可是如果分成两股水流，水流的力道往往过于微弱，街道两边就无法冲洗干净，只会使遇到的泥土更易流动，车轮和马蹄把它们甩到或是溅到人行道上，人行道会变得肮脏易滑，有时车轮和马蹄还会把污泥溅到行人身上。于是我向这位善良的博士提出以下建议：

为了更加有效地清扫伦敦和威斯敏斯特的街道，并保持这些街道的清洁，建议与几名更夫签订合同，让其雇人在干燥天气清扫灰尘，阴雨天气耙去污泥，每人负责其巡逻的几条街巷。给更夫配备扫帚及其他清洁工具，工具保存在各自的据点，供雇来清扫街道的穷人使用。

夏季天气干燥,必须在店铺开张、住家开窗前,清扫尘土并聚拢,每隔一段适当距离堆放在一起,然后由清道夫用有盖马车全部运走。

至于污泥,耙在一起后不可堆放,以免车轮碾压、马蹄践踏后再次散开。应该给清道夫配备马车,这些马车不是放在高高的车轮上,而是放在低矮的滑动器上,马车底部为格子形状,在格子上面铺上稻草,这样既能兜住倒入的污泥,又能沥去其中的水分,大大减轻了重量,毕竟水是污泥里最重的部分。将这些马车放置在距离适当的地方,用手推车运来污泥倒入马车。然后将马车留在原地,直至沥干污泥中的水后,再牵马过来拉走车子。

我后来怀疑这个建议的后半部分是否可行,因为有些街道非常狭窄,放置沥水马车很可能会堵塞道路。不过我现在仍然认同这个建议的前半部分,夏季要求在商铺开门前清扫并运走尘土可以实行的,因为夏季的白天比较长。有一天早上七点钟,我走过斯特兰德大街和舰队街,发现没有一家店铺开门,尽管那时天已大亮,太阳都升起来三个小时了。伦敦居民宁愿在烛光下生活,在阳光下睡觉，却又经常抱怨对蜡烛征税，抱怨制造蜡烛的动物油脂太贵，这就有点荒谬了。

有些人可能会觉得这是区区小事，不值一提，不必留意。不过他们若是考虑到，尽管在一个刮风的日子里，灰尘吹进一个人的眼睛，或是刮入一家店铺，不是什么大事，但在一个人口众多的城市，这种事情数不胜数，频繁反复地发生，那就是大事了。如此一来，他们或许不会苛责那些留意这些看似无足轻重的事情的人。人的幸福，因为百年不遇的鸿运而得者寥寥无几，因为日日可见的小惠而生者不计其数。如此说来，你教会一个贫穷的年轻人如何自己修面，如何保养剃刀，给他的人生带去的幸福，可能会超过送他一千金币所带去的幸福。这些钱很快就能花光，留下的唯有对愚蠢地花完钱的悔恨。但若是学会了修面，他就不必经常苦苦等候理发师，不必接触他们脏兮兮的手指，不必闻他们令人不舒服的气息，也不必任那些迟钝的剃刀刮来刮去。他大可选择最为方便的时间修面，每天享受用合意的剃刀修面的乐趣。我怀着这些思绪，贸然写下了前面几页，希望它们某天能对我热爱的城市、我幸福地生活了多年的城市有所裨益，或许对我们美洲的一些城镇也有益处。

有一段时期，我被美洲邮政总局局长任命为审计官，监管几个邮政分局的业务，并听取分局官员汇报工作。1753年美洲邮政总局局长去世后，英格兰邮政总局局长发来委任状，任命我和威廉·亨特先生一起继任美洲邮政总局局长的职位。此前，美洲邮局从未向英格兰邮局上缴任何费用。我们两人将平均得到六百英镑的年薪，如果邮局盈余足以支付这笔钱的话。为了达到这个目标，我们有必要采取种种改进措施。采取一些措施的初期难免要花钱。邮局前四年欠我们的工资超过了九百英镑，不过很快就开始偿还我们了。在英国大臣突发奇想要把我罢免之前，我们已使美洲邮局向英王政府上交的纯利润达到爱尔兰邮局的三倍之多。自这次轻率的罢免后，他们一分钱也没拿到过！

这一年，由于邮局的事务，我去了一趟新英格兰。在那里，剑桥大学主动授予我文学硕士学位。此前，康涅狄格州的耶鲁大学也授予了我类似的荣誉学位。如此一来，我虽然没有接受过大学教育，却拥有了这些荣誉。他们之所以授予我这些学位，是由于我在自然科学电学领域的发现及贡献。

1754年，英法战争蓄势待发，人们再次担忧起来。商务大臣命令各殖民地派专员齐聚奥尔巴尼，与六部落联盟的首领共同商讨守卫彼此疆土的大计。汉密尔顿总督接到命令后，通知议会准备适当的礼物届时送给印第安人，并提名我和议长诺里斯先生与托马斯·佩恩先生、秘书彼得斯先生一起代表宾夕法尼亚参加此次会议。议会尽管对谈判地点不在本地区有些不满，但最终还是同意了提名，也准备了礼物。大约6月中旬，我们在奥尔巴尼见到了其他专员。

在我们前往奥尔巴尼的途中，我起草了一份联合所有殖民地成立一个政府的计划。这对防务以及各殖民地普遍关心的其他重要事宜或许很有必要。我们经过纽约时，我将计划拿给詹姆斯·亚历山大先生和肯尼迪先生看，得到了这两位精通公共事务的绅士的认可。受此鼓舞，我大胆地将计划提交给了大会。我后来发现，似乎好几个专员都拟写了类似的计划。大家首先讨论了一个先决问题——是否应该成立联合政府，结果所有专员一致肯定通过。接着成立了一个委员会，每个殖民地各派出一名委员，研究提交的几项计划，并向大会作汇报。碰巧我的计划更受青睐，于是在经过一些修改后，计划就汇报了上去。

根据该计划，联合政府由总统和大咨议会管理，总统由英王任命并提供支持，大咨议会成员由各殖民地的人民代表在各自的地区议会开会选举。在这次大会上，大家每天都在讨论印第安事务及成立联合政府的问题。我们遭到了不少反对，遇到了许多困难，最后终于克服了这一切。该计划获得了一致通过，抄本被送往商务部及各殖民地议会。这份计划的命运却异乎寻常：各殖民地议会都没有采用，认为该计划里君权过大；在英国，该计划则被认为民主过甚。

商务部没有批准这项计划，也没有将之推荐给英王陛下。不过，有人制定了另一个计划，据说，该计划能够更好地实现同一目的。根据该计划，殖民地总督们及其各自咨议会的一些成员可以开会决定征召军队、修建堡垒等事宜，经费向大不列颠财政部支取，以后以英国议会向美洲征税的方式返还。我的计划及其支持理由，可从我已印发的政论文集中找到。

那年冬天我在波士顿与谢利总督多次讨论过这两个计划，我们的一些谈话内容，或许也能在那些论文中找到。人们反对我的计划的理由迥然不同，有的截然相反，让我怀疑这份计划才是真正的折中方案。我到现在仍然相信，假如当年采纳了该计划，大西洋两岸都会感到满意。各殖民地联合起来，就拥有了足够的自卫能力，英格兰也就不需派来军队，当然也就没有借口向美洲征税，最终也就能够避免由此引起的流血抗争。但是这类错误并非初次出现，历史上由国家和君主铸就的错误不可胜数。

> 环顾芸芸众生，
> 有多少人看得清自己的利益，
> 又有多少人看清后奋起直追！

那些执掌政权的人，手头有许多事情，通常不喜欢费力去考虑和实行新计划。采纳最好的公益措施，很少出于先见卓识，多是由于情景所迫。

宾夕法尼亚总督将计划送交议会时，表示他很认同这项计划。他认为该计划条理清晰、判断明确，于是向议会推荐，认为值得议会慎重对待，希望他们仔细研究。但是议会在某个议员的掌控下，趁我不在时提出该项计划（我认为这么做并不公正），并未仔细研究就予以否决，让我受到不小的屈辱。

同年，我去波士顿途径纽约，在那里遇见新任总督莫里斯先生。他是我的老朋友，刚从英格兰到达纽约。他奉命前来接替汉密尔顿先生的总督职务。由于领主多番发号施令，汉密尔顿先生陷入了诸多争执的困扰之中，对此感到厌倦，最后辞职。莫里斯先生问我，我是否认为他在任职期间也会遇到种种麻烦。我说:"不会。恰恰相反,你只要留意不与议会发生任何争执,就会工作得称心如意。""我亲爱的朋友,"他诙谐地说道,"你怎么能建议我避免争执呢?你知道我热爱争执,争执是我的一大乐事。不过,为了尊重你的建议,我向你承诺,我会尽可能地避免与人争执。"他爱好争执有因可循——他颇有口才,敏锐善变,在争辩中常是赢家。他从小就在这方面训练有素。我听说他父亲有个习惯——晚饭后让孩子们互相辩论作为消遣。但是我觉得这一做法并不明智。据我观察,这些喜欢争辩反驳的人通常都没有好运气。他们有时会取得胜利,却永远得不到友善,而友善对他们更有用处。我们分开后,他前往费城,我去了波士顿。

我回程的途中,在纽约看到了议会通过的诸多决议,从中看出尽管他向我许下了承诺,但是他似乎已与议会产生了激烈的冲突。在他担任总督期间,他们之间的斗争从未停息。我也参与了这场斗争。我一回到议会任上,每个委员会都要我参加,让我对他的演讲和咨文做出答复,委员会总是要我起草答复文件。我们的答复往往尖酸刻薄,有时还恶语谩骂,他的咨文也是如此。他也知道是我为议会起草复文的。有人以为我们见面时难免会吵得不可开交，但是他秉性善良，这些争斗从未引起个人嫌隙，我们还经常一起进餐呢！

有天下午，我们在街上碰到了，当时这场政治争论正值高峰。"富兰克林，"他说，"今天晚上你一定得去我家。我有几个朋友要来，你会喜欢他们的。"他挽着我的手臂，把我领去了他家。我们吃过晚饭后，一边喝着葡萄酒，一边愉快地交谈。他跟我们打趣说，他很欣赏桑乔·潘萨的想法——有人提议让他执掌一个政府，他要求执掌统治黑人的政府，这样一来，如果他与子民产生分歧，他就可以卖掉他们。莫里斯先生有个朋友坐在我身旁，说道："富兰克林，你为什么一直与这些可恶的贵格会教徒站在一边呢？你卖掉他们不是更好吗？领主会给你开个好价钱的。""因为，"我说，"总督还没有把他们抹得足够黑。"总督确实在所有咨文中都煞费苦心地抹黑议会。不过他刚一抹黑，议会就快速擦掉了，还反过来给他抹上厚厚的一层。结果他发现自己很可能被抹成黑人，于是也像汉密尔顿先生一样，厌倦了与议会的争斗，最后放弃了总督的职位。

这些政治争论的起因归根结底在于领主——我们的世袭统治者。每当向他们的领地征收防务费用时，他们就采取令人难以置信的卑劣手段，指使他们的代理人不要通过任何法案,除非该法案明确规定他们那些辽阔的地产无需缴税。他们甚至让代理人签约遵守这些指令。议会三年来一直竭力抵制这种不公正的行为,最后还是不得不屈服了。莫里斯先生的继任者丹尼上尉,后来终于冒着危险违抗了领主们的那些指令。至于此事的详细情况,我将在后文叙述。

我叙述得太快了。在莫里斯总督任职期间,还发生了几件事情,在此需要一提。

那时,英法战争在某种程度上已经开始了。马萨诸塞政府计划攻打克朗波因特,于是就派昆西先生前往宾夕法尼亚,派波纳尔先生(后来的波纳尔总督)前往纽约,目的是寻求支援。我是议会成员,熟悉议会的情况,又是昆西先生的老乡,所以昆西先生就来找我,请我利用影响力帮助他。我向议会宣读了他的请愿书,请愿书取得了很好的反响。议会投票通过一万英镑的援助,用于购置给养。不过总督拒绝批准这个议案(包括这笔援助及供英王使用的其他几笔款项),除非议案另外附加一项条款,免向领主的土地征收任何由此引起的捐税。议会尽管非常想使其对新英格兰的拨款生效,却也茫然无措,不知如何才能达到目的。昆西先生竭尽全力,想要取得总督的同意,但是总督态度坚决。

我当时想到一个办法，绕过总督来做这件事情，那就是开立汇票，汇票由贷款办公室兑现。按照法律规定，议会享有开立汇票的权利。事实上当时贷款办公室钱很少，甚至几乎没有钱，于是我提议汇票在一年内兑现，付给百分之五的利息。我估计用这些汇票可以轻松采购到给养物资。议会没怎么犹豫，就采纳了这个建议。汇票立即印制出来了，我是负责签署和发行该汇票的委员会的成员。兑现汇票的资金是当时本地区所有放贷纸币的利息，以及消费税收入所得。人们知道这两项收入兑现汇票绰绰有余，所以这些汇票立即赢得了信誉。这些汇票不仅可以直接拿来购买供养物资，而且许多有钱人手头有闲置现金，也拿来购买这些汇票。他们发现这么做有利可赚，这些汇票既可以在手中生出利息，又可以随时作为货币使用。人们踊跃购买汇票，几个星期后就销售一空。这样一来，按照我的办法，这件重要的事情终于大功告成。昆西先生对此万分感谢，给议会赠送了一件精美礼品。他成功完成使命感到非常高兴，兴高采烈地回了新英格兰。从此之后，我们结下了诚挚深厚的友谊。

英国政府没有批准在奥尔巴尼开会时所提出的提议，不允许成立殖民地联合政府，更不愿让联合政府负责防务，担心殖民地加强军事后会意识到自己所拥有的力量。英国政府此时心生猜忌，产生了戒备心理，于是就派布拉多克将军带着两个团的英国正规军前来解决问题。布拉多克将军在弗吉尼亚的亚历山大港登陆，然后开赴马里兰的弗雷德里克镇，到达那里后停下来等待车辆。我们的议会得到一些消息，担心他对议会怀有强烈的偏见，不愿意负责本地区的防务。议会为了避免此事发生，希望我前去接待他。不过我不是以议员的身份前去迎接的，而是以邮政总局局长的身份去见他的。作为邮政总局局长，我可以与他商议，怎样才能最为快速稳妥地帮他传送与各殖民地总督之间的急件，他必须一直与这些总督保持通信往来。议会同意负担我的旅途费用，于是我在儿子的陪同下出发了。

我们在弗雷德里克镇找到了这位将军。他已经派人去马里兰和弗吉尼亚的偏僻地区征集马车了，现在正焦急地等待这些人回来。我跟他在一起待了好几天，每天都陪他一起进餐，有足够多的机会消除他的所有偏见。我告诉他，议会在他来之前已经切实做了哪些事情，以及还愿意做哪些事情，以此配合他的军事行动。我正打算离开的时候，征集的马车回来了，总共只有二十五辆，而且还不是每辆都完好可用。将军和手下的军官们见状都瞠目结舌，宣称无法继续行军，只好现在就结束远征。他们指责英国的那些大臣，指责他们完全不了解情况，就让他们在这个缺乏运输工具的地方登陆。他们想要运走补给品和军用行李等物品，至少需要一百五十辆四轮马车。

我顺嘴说了一句："可惜你们没在宾夕法尼亚登陆，那里几乎每家每户都有马车。"将军马上抓住了这句话，急切地说："先生，你在那里颇有地位，或许能为我们弄到一些马车，我恳请你帮忙承办此事。"我问他愿给马车主人怎样的报酬，他请我把我觉得必要的条件写下来。我照办了，条件得到了他的认可。他立即准备了委任状，并给出了若干指示。我一到兰开斯特，就发布了一份公告，公布了这些条件。这份公告很是新奇，立即产生了巨大的反响。全文如下：

公　告

兹国王陛下的军队拟在威尔斯溪集合，需配四马马车一百五十辆，驮马或驭马一千五百辆。为此，布拉多克将军授权我经办租用马车及马匹事宜。特此通知：本人即日至下周三晚在兰开斯特、下周四上

午至下周五晚在约克,专门负责处理此事。我将在上述两地办理租用马车马匹事宜,租赁费用如下:

一、凡配备四匹良马及一个车夫的马车,每日租金十五先令;凡配备驮鞍或其他鞍具的良马,每日租金二先令;凡没有配备鞍具的良马,每日租金十八便士。

二、马车马匹须于5月20日或之前抵达威尔斯溪,自加入该地的驻军之日起计算租金。除此之外,根据其前往驻地及完成任务后返程所需的时间,将给予适量的往返路途补贴。

三、每辆马车及联畜,每匹驯马或驮马,都将由我和车马主人共同选择的公正人士进行估价。若有车辆、联畜或其他马匹在执行任务期间发生意外,将按该估价给予主人赔偿。

四、订立合同之时,如有需要可向我预支七日租金。余款由布拉多克将军或军需官,在任务结束之时支付,或按照需要在其他时候支付。

五、无论遇到何种情况,马车车夫及照料马匹的马夫一律不履行士兵的义务,也不从事照料车马之外的任何工作。

六、凡由马车或马匹运抵军营的所有燕麦、玉米及其他饲料,除喂养马匹所需之外的多余部分,概由军队以合理价格收购,留作军用。

备注:吾儿威廉·富兰克林亦获授权,可与坎伯兰县任何人士签订同种合同。

本杰明·富兰克林

1755年4月26日　于兰开斯特

告兰开斯特、约克、坎伯兰三县居民书

朋友们,同胞们:

我几天前偶然去了弗雷德里克的军营,发现将军和几位军官由于没有得到车马而恼怒异常。他们以为我们地区最有能力供应,原本指望从本地区获得这些车马,但是由于总督和议会意见不合,所以本地区既没有为此拨发款项,也没有采取任何其他措施。

有人建议将军立即派遣军队进入各县,强征所需优良车辆马匹,并强征民众驾驶马车、照料马匹。

我担心这些英国士兵会在此种情况下进入各县,尤其考虑到他们现在的怒气及对我们的憎恨,担心他们会给广大居民带来诸多严重不便,因此我愿意不辞辛苦,尝试通过公平公正的方法解决以上问

题。这些偏僻县郡的居民近来曾向议会诉苦，说缺乏足够的货币。现在你们就有一个大好的机会，可以获得并共享一笔数目可观的现金。此次远征很可能持续一百二十余天，那么租用马车马匹的费用将达到三万多英镑。这笔租金将用英王的金币银币来支付。

本次任务相当轻松，军队每天的行程很难超过十二英里，马车马匹运输的又都是维持军队的必需物资，必须跟着军队一起走，不可能比军队走得快。而且为了军队考虑，无论行军还是扎营，他们都会把车马安置在最为安全的地方。

如果你们果真如同我相信的那样，是国王陛下忠诚善良的子民，那么你们现在就可以为其效忠，而且可以轻松出色地完成任务。如果某家因为忙于种植，无法抽出一车四马及一个车夫，那么可以三四家一起合作，一家出马车，另一家出一两匹马，再一家出一个车夫，几家按照比例分割租金。但是如果在报酬丰厚、条件合理的情况下，你们仍不愿为英王及国家效忠，那么你们的忠心就会受到强烈的质疑。国王的事情必须完成。这么多英勇之士，千里迢迢来保卫你们，绝不会因为你们辜负了众人的合理期望而停止前进。因此，车辆和马匹非有不可。军队将有可能采取强制措施,届时你们只好恳求得到现在就能得到的补偿,那时或许很少会有人同情、关心你们了。

我与此事没有特殊的利害关系,除了努力满足行善之心外,只是自添麻烦而已。我如果无法用此种方式成功征集到车马,那么只好在两周之内报告给那位将军。我猜想,轻骑兵约翰·圣克莱尔爵士将会立即率领一队士兵进入这片地区强征车马。我不希望听到那样的消息,因为我是你们真挚诚恳的朋友,衷心希望你们事事如意。

本杰明·富兰克林

我从将军那里领取了约八百英镑的资金,作为预支给车辆主人的租金。不过这些钱根本不够用,我又另外垫付了二百多英镑。不到两个礼拜,租赁来的一百五十辆马车及二百五十九匹马就向驻地出发了。公告中承诺如有车马损失,按照估计进行赔偿。不过物主提出,他们不认识布拉多克将军,不知道他的承诺是否可靠,所以坚持要我写下付款保证书,于是我就给他们写下了保证书。

我在军营的时候,有天晚上跟邓巴上校带领的团里的军官们一起吃晚饭,上校对我说,他很担心自己的部下。他说，部下们手头都不怎么宽裕，想要储备一点东西以备长途行军、穿越荒蛮之地不时之需，不过这个地方物价太贵，他们无力购买，沿途又无处可买。我很同情他们的处境，下决心尽力为他们弄些补给品。不过我没有告诉上校我的打算，而是在第二天早上给有权处置公款的议会委员会写了一封信，信中详细地介绍了这些军官的情况，恳请委员会考虑，提议送他们一些必需品和点心作为礼物。我儿子曾在军营待过，了解士兵们的需求。他给我开了一张清单，我把清单附在了信的后面。委员会批准了我的提议，快速行动了起来。在我儿子的操办下，这些补给品紧跟着车马到了军营。补给品总共二十小包，每包装有：锥形糖块六磅、黑砂糖六磅、优质绿茶一磅、优质武夷茶一磅、优质咖啡粉六磅、巧克力六磅、上等白饼干零点五英担、胡椒粉零点五英担、上等白酒醋一夸脱、格洛斯特奶酪一块、优质黄油一桶（二十磅）、陈年马德拉酒二打、兰姆酒二加仑、芥末粉一瓶、精制火腿二只、干口条零点五打、大米六磅、葡萄干六磅。这二十个包裹，包装得好好的，由二十匹马驮着。每个包裹连同驮包的马匹，一起作为礼物送给一位军官。军官们感激地接受了这些礼物。两个团长分别写信向我表示感谢，措辞极为恳切。将军对我帮他征集车马的表现极为满意，爽快地付清了我垫付的钱款，再三向我表示感谢，又请我继续协助他运送给养。我再次同意了，为此忙来忙去，直到得知他战败的消息。我为了运送给养，已经代垫了一千多英镑，我给将军寄了一张代垫款项的账单。幸运的是，这张账单在打仗前几天寄到了他的手中，他立即给我寄回了一张一千英镑的汇单，让我向军需官提取这笔款子，余款留待下次结账时一起结算。我觉得能拿回这笔款项真是万幸，因为余款永远没法拿到了。我还将在后文提到此事。

我认为这个将军是个勇敢的人。他在欧洲打仗时很可能就作为优秀军官而崭露头角。不过他太过自负，过高估计了英国正规军的作战力量，又太低估美洲人和印第安人的力量。我们的印第安语翻译乔治·克罗甘，带着一百个印第安人参加了他的军队。如果他友善地对待这些印第安人，他们本可作为军队的向导、侦探等，可以发挥巨大的作用。不过他却冷落、忽视了他们，以致这些人后来逐渐离开了他。

有一天，他和我交谈，告诉我他的行军计划。"攻克杜魁斯要塞之后，"他说，"我准备向尼亚加拉进发。攻克那里之后，如果时令合适，就去攻打弗兰特纳克。我估计时令没什么问题，我们至多在迪凯纳耽搁三四天，到那时，我看没有什么能够阻碍我向尼亚加拉进军了。"我在这次谈话之前就反复琢磨过，他们为了穿越树林和灌木丛，必定会开辟狭窄的小道，到时军队必须沿着小道拉成一条长线。我还曾读到过，先前有一支一千五百名士兵的法国军队，入侵易洛魁人居住的地区时惨遭失败。因此，我有些怀疑和担心这次军事行动。不过我只斗胆说道："当然，将军，如果您率领这些配有大炮的精锐部队，安全抵达杜魁斯，肯定就能够攻克那里。那个地方防御工事还不完备，听说没有很强的驻军，只能抵御一小段时间。我担心的是，妨碍你进军的唯一危险，来自印第安人的埋伏。这些人训练有素，精于设计埋伏，成功进行伏击。你们的部队必须拉成一条细线，从头到尾绵延将近四英里，侧翼可能会受到偷袭，到那时整支部队就会被敌人截成好几小段，相互之间隔着距离，士兵无法及时相互支援。"

他笑我愚昧无知，答道："对于你们缺乏经验的美洲士兵来说，这些野蛮人可能的确是强大可怕的对手，但是对于国王训练有素的正规部队而言，先生，他们根本就不足为虑。"我意识到与一个军人争辩他本行的事情确实不妥，就没再说什么。不过敌人并没有像我担心的那样，乘机袭击他们那绵长的行军队伍，而是不加阻拦，任其前进，直至距离目的地不到九英里的地方。那时部队刚刚渡过一条河，先头部队停了下来，等后面的士兵跟上来。此时部队较为集中，这里也是沿途最宽阔的林间地带。敌人突然从树林及灌木丛后面猛烈炮击先头部队，这是将军第一次意识到敌人就在自己附近。先头部队陷入了混乱，将军匆忙命令后面的部队上前支援，上前支援的部队和马车、辎重以及牲畜搅在一起，场面极为混乱。现在炮火又落在了侧翼上，军官们骑在马上非常醒目，成了敌人的目标，一个个快速落下了马。士兵们挤成一团，听不到军官们的指令，呆站在那里任凭敌人射击。三分之二的士兵被击毙，剩下的士兵此时都陷入了恐慌之中，仓皇逃窜。

马车夫们每人从马车上卸下一匹马，惊慌失措地逃走了，其他人立即效仿。结果，所有的马车、粮食、军火以及辎重都留给了敌人。将军受了伤，好不容易才被救了出来。他的秘书谢利先生在他身旁被杀了。八十六位军官中，多达六十三位或死或伤；一千一百名士兵中，七百一十四名士兵阵亡。要知道，这一千一百多名士兵全是从全军挑选出来的精锐之师。按照原计划，邓巴上校带着其他士兵跟在后面，运送较重的给养品、粮食及辎重。

这些飞奔逃走的人，没有受到敌人的追击。他们到达了邓巴的军营，带来的恐慌情绪立即传染给了邓巴上校和他所有的部下。尽管邓巴现在有一千多人，而打败布拉多克的印第安人和法国人加在一起最多也不超过四百人，但是邓巴将军非但没有向前进军，竭力挽回损失的声誉，反而下令销毁所有的给养品和军火等物资，以期获得更多的马匹并减轻负荷，以便尽快逃回殖民地。当时弗吉尼亚、马里兰和宾夕法尼亚的总督们请他把军队安置在边境保护居民，但是他仍然马不停蹄地仓皇撤退，穿过这些地区一直退到费城才觉得自己平安无事，因为这里的居民可以保护他。整件事情使我们美洲人第一次对英国正规军产生了怀疑。我们原本对英国正规军的勇猛推崇备至，现在看来我们的看法并没有充分的根据。

此外，英国军队的第一次行军，从最初登陆直到穿过整个殖民地，一路上对居民剥夺抢掠，不仅辱骂、虐待、幽禁发出抗议的民众，还完全摧毁了那些贫苦的家庭。这足以让我们从这些人会保卫我们的幻想中清醒过来，假使我们真的需要保卫者的话。他们与我们法国朋友的做法多么迥然不同！1781年，我们的法国朋友从罗德岛出发，穿过人口最为稠密的地带，最终到达弗吉尼亚。他们行军将近七百英里，沿途没有任何居民抱怨丢过一头猪、一只鸡，甚至一个苹果。

将军的副官奥姆上尉受了重伤，和将军一起被救了出来。他一直和将军呆在一起，直至几天后将军去世。奥姆上尉告诉我，将军第一天白天什么话也没说，到了晚上只说了一句"谁想得到呢"，第二天又再一次陷入沉默，最后只说了一句"下一次我们就知道怎么对付他们了"，说完几分钟之后就去世了。

秘书的文件资料包括将军的所有命令、指示以及书信，都落到了敌人的手中。他们选择了其中一些译成法语印了出来，证明英国人在宣战之前就已有敌意。在这些公开的文件中，我看到了将军写给内阁的几封信，信中高度赞扬了我对英军所做的巨大贡献，恳请他们对我给予关注。大卫·休谟几年之后做了驻法大使赫特·福德勋爵的秘书，后来又做了国务大臣康韦将军的秘书。他告诉我，他曾在内阁办公室的文件中，见过布拉多克极力推荐我的信件。不过由于这次远征失利，人们似乎觉得我的贡献也没什么价值，因此那些推荐对我也从未发挥过什么作用。

至于将军本人的回报，我只要求了一个，那就是请他命令部下不再征用我们的契约奴仆，并将已经征用的予以归还。他爽快地答应了。经过我的申请，有几个契约奴仆被送还给了他们的主人。不过邓巴接管军权后，就没有这么大方了。他撤退到费城后，更确切地说，是溃逃到费城后，我请他释放从兰开斯特三个贫穷家庭征募来的几个仆役，并提醒他已故将军在这方面所下的命令。他向我承诺，他的军队要开往纽约，过几天会经过特伦顿，如果仆役的主人去那里见他的话，那么他会在那里归还。仆役主人费力伤财地赶往特伦顿，到了那里后邓巴却拒绝履行自己的诺言，致使他们蒙受了巨大的损失，他们感到极为失望。

损失车马的消息一经传开，所有的车马主人都来找我，要求我根据担保按价赔偿。他们的要求让我陷入了巨大的麻烦。我告诉他们，钱现在在军需官手中，必须先要谢利将军下令，军需官才会付钱。我请他们放心，我已经致函那位将军申请赔偿了，不过路途遥远，不可能这么快就得到回复，他们一定要有耐心。但是这一切都不足以让他们满意，有些人开始对我提出诉讼了。最后，谢利将军终于将我从这可怕的处境中解救了出来。他指派了几名专员前来调查索赔事宜，之后下令付款。赔偿款总共将近两万英镑，如果由我来支付的话，我就要破产了。

我们还没接到战事败北的消息时,两位姓邦德的医生曾带着捐款簿来找我,募款用以支付一场大型烟火表演的费用。他们准备在收到攻克杜魁斯要塞的捷报后,在欢庆会上举行大型烟火表演。我神情严肃地说,我想,等我们获知有必要庆祝时,再开始准备也不迟。他们似乎很吃惊,吃惊于我竟然没有立即响应他们的提议。"为什么呀?"他们中的一人说道,"你该不是觉得杜魁斯要塞攻不下来吧?""我不是预料它攻不下来,而是知道战事有着很大的变数。"我告诉了他们我怀疑的理由。募款活动就这么搁置了下来,其倡导者也避免了一场尴尬的闹剧。邦德医生后来在另一个场合说道,他不喜欢富兰克林的不祥预感。

在布拉多克打败仗之前,莫里斯总督不断地向议会提交咨文,企图迫使议会制定为地区防务筹集资金却不向领主的财产征税的法案,且否决了所有不包含对领主财产免税条款的议案。总督的这些举措,令议会极为烦恼。现在,总督愈发加强了攻势,因为处境越危险、防务越迫切,也就越有希望成功。然而议会依然寸步不让,相信正义属于他们一方,认为若是听任总督修改他们的财政议案,就等于放弃了他们的基本权利。实际上，在最近一项拨款五千英镑的议案里，总督只提出修改一个字。原议案为："所有动产、不动产均将征税，领主的财产也包括在内。"他将"也"修改为"不"。虽然只是一字之差，意义却发生了重大变化。不过，我们一向小心谨慎，将议会对总督咨文的所有回复都寄给了英格兰的朋友。这个不幸的消息传到英格兰后，这些朋友高声谴责领主们的卑鄙不公，谴责他们竟然向总督下达这种命令。有些人甚至说，既然领主们阻碍地区防务，那么也就无权拥有这些地区。领主们受此恐吓，给岁入征收长官下令，不管议会为防务筹集了多少资金，自己均另行追加五千英镑。

议会接到这个通知后，同意收下这五千英镑，以此替代领主们应缴的防务税款。议会随后提出了一项新法案。新法案包括免税条款，获得了通过。按照该法案，我被任命为负责处理这笔经费的委员之一，该项经费总额达到六万英镑。我积极参与了该法案的起草工作，并且努力使之获得了通过。与此同时，我还起草了组建和训练志愿民兵队伍的法案，并且没费什么周折就使该法案在议会通过了，其中明文规定贵格会教徒可以自由行事。为了促使成立民兵联盟，我撰写了一篇对话体文章，提出了我能想到的所有的反对意见，并且对这些意见进行了有力的反驳，之后我将文章印刷了出来。如我所料，这篇文章产生了巨大的影响。

正当城里和乡村都在组织连队进行训练时，总督说服我去接管我们的西北边陲。那里有大批敌人出没，总督要求我去招募士兵，在边界沿线建立堡垒，保卫那里的居民。尽管我自认为不是很够资格，但还是接下了这项军事任务。他给了我一份全权委任状，还给了我一摞空白的军官委任状，让我颁发给我认为合适的人士。我没费什么周折就招募到了士兵，很快手下便有了五百六十人。我儿子先前参加过与加拿大之间的战争，当时是部队里的一名军官，现在担任我的副官，给我提供了很大的帮助。印第安人焚烧了摩拉维亚教徒居住的吉内登哈特村，还大规模屠杀了那里的居民。不过，这个地方却是建立堡垒的好据点。

为了往吉内登哈特进军，我在摩拉维亚教徒的聚集地伯利恒集结军队。我惊讶地发现，伯利恒的防卫工作做得非常好。吉内登哈特的毁灭，让他们意识到了危险的存在。他们在主要房屋周围都围起了栅栏，还从纽约买来了大量的武器弹药，甚至在高大石屋的窗户之间放上了大量铺路的石头，这样一来，如果有印第安人试图强行闯入，女人们就可以从上面扔石头砸入侵者的脑袋。摩拉维亚教徒也拿着武器轮班放哨,这里如同任何有部队驻守的城镇一般有条不紊。我在与斯潘根伯格主教谈话时,提到自己对此感到非常惊讶。我知道英国议会通过了一项法案,豁免了该教在殖民地的军事义务,我以为他们会严遵道德规范,绝对不肯拿起武器。他回答我说,那不是他们教派的既定教义,不过在他们教派获得该项豁免后,许多教友就以为这是他们的教义。但是这一次,他们惊讶地发现,遵守这条规则的教友为数寥寥。这么看来,他们要么是欺骗了自己,要么就是欺骗了英国议会。不过,人们的常识加上当前面临的危险,有时能够战胜怪诞的想法。

一月初,我们开始着手修筑堡垒。我派了一支分队前往密尼辛格,命令他们建造一座堡垒,用以保护北部地区的安全;又派了另外一支分队,带着类似使命去了南部地区;最后我带领其余士兵奔赴吉内登哈特,那里建造堡垒的任务最为迫切。莫拉维亚教会教徒们设法为我们找来了五辆马车,用来运输我们的工具、补给品及辎重等等。

有十一个农民被印第安人从自家农场赶了出来。我们离开伯利恒之前,这些农民前来找我,请我给他们提供一些枪支,以便他们可以回去夺回自己的牲畜。我给他们一人发了一把枪,并配以合适的弹药。我们还没走几英里,天就开始下起雨来,下了整整一天。路上没有可以躲雨的地方,将近晚上,我们才抵达了一所德国人的房子。我们浑身湿淋淋的,在他家谷仓里挤了一晚。还好我们在路上没被袭击,我们的武器极为普通,士兵们在雨里根本没法保持枪机干燥。印第安人想出了巧妙的办法,能够保持枪机干燥,我们对此却束手无策。印第安人那天遇到了那十一个可怜的农民,杀死了其中的十个。逃脱的那个人说,他和同伴们的枪都打不响,引火药被雨淋湿了。

第二天,天放晴了。我们继续前进,最后终于抵达了荒无人烟的吉内登哈特。村庄附近有一家锯板厂,厂旁还剩下几堆木板。我们用这些木板很快就搭起了木屋。这是个严寒的季节,我们又没有帐篷,所以搭木屋非常必要。我们的首项工作就是把在那里发现的死人埋好。乡民们先前只是稍稍盖了一点土,死人的身体还半掩半露着。

我们到达那里的第二天早上,便规划出了修建堡垒的方案,并标出了修建堡垒的界限范围。堡垒的周长为四百五十五英尺,需要四百五十五根直径一英尺的树桩,一根挨着一根连起来围成栅栏。我们有七十把斧头，立即全部拿来用以砍树。士兵们都是操斧能手，砍树非常快。我看到树木纷纷倒下，对士兵们砍树的速度心生好奇。在两个士兵开始砍一棵松树的时候，我看着自己的手表开始计时，我发现，不到六分钟，这棵直径十四英寸的松树就倒在了地上。我们把每棵松树都截成了三根十八英尺长的木桩，把木桩的一端削尖。在一些士兵准备这些树桩的时候，另外的士兵在四周挖三英尺深的沟渠，以便把这些木桩插入土中。我们卸下马车的车身，拔出连接前后部分的栓，把马车的前轮和后轮分开。这样，我们就有了十辆马车，每两匹马拉一辆车，把那些木桩从树林里运到围栅栏的地方。这些木桩都竖好之后，木匠们在栅栏内部用木板搭建了一圈约六英尺高的平台，以便士兵们站在上面通过射弹孔向外射击。我们有一门回旋炮，把它架在一个犄角上，架好后就立即发炮，好让印第安人知道，我们手里有这样的武器，如果他们能够听到的话。尽管每隔一天就会下雨，士兵们没法干活，可是还不到一周的时间，我们就建好了堡垒——如果这么简陋的栅栏能冠以这么雄伟的名字的话。

这让我有机会注意到，人们工作的时候最为满足。他们工作的时候，性情温和，心情愉悦。等到了晚上，他们意识到完成了整整一天的工作，也感觉非常愉快。不过，他们闲暇无事的时候，就会暴躁不安，不断争吵，还吹毛求疵，说猪肉不好啦，面包不好啦等等，总之，情绪一直很差。这让我想到一个船长，他的准则就是让船员们一直干活儿。有一次大副告诉他，船员们把所有的事情都做完了，再也没有什么需要做的了。"噢，"他说，"那就让他们擦洗船锚吧。"

尽管这种堡垒相当粗糙简陋，却足以抵抗没有大炮的印第安人。我们现在有了安全的驻点，必要时有了可退之地，就大胆地结伴出发，去搜索临近的地区。我们没有遇到印第安人，只是在临近的小山上发现了他们监视我们行动的地点。值得一提的是，这些地方设计得非常巧妙。当时正值冬天，他们需要生火，但是如果像平常一样在地面生火的话，对手老远就能借着火光发现他们的藏身之所。于是，他们就在地上挖了一些洞，地洞直径约三英尺，深度三英尺有余。印第安人用短柄小斧从林中烧焦的圆木表层砍下木炭，用这些木炭在地洞底部生了小火。我们观察洞口被压的野草印迹发现，他们蜀在洞口周围的杂草上，腿悬在洞内以保持脚部的温暖，脚部保暖对他们来说很重要。这些人用这种方式生火，对手看不到火光、火焰、火星，甚至连烟也看不到,也就发现不了他们。看来他们人数不多,发现我们人数众多,明白占不了什么便宜,所以没有前来袭击我们。

我们有一位军中牧师——热忱的长老会牧师贝迪先生。他向我抱怨说,大多数士兵都不参加祷告和布道。我们征募士兵的时候,曾经答应过应征者,除了供应军饷和食物外,每天还分发一及耳朗姆酒。这些酒每天都准时发放,上午发一半,傍晚发一半。我注意到士兵们前来领酒都非常准时,于是对贝迪先生说:"让你负责发放朗姆酒或许有失你的职业尊严,不过如果你在祷告结束时发酒,所有人都会前来听你祷告。"他觉得这个提议不错,就欣然接受了这个职位,和几个帮手一起发酒,事情办得让人非常满意。大家都准时前来参加祷告,这在以前绝对是没有的事情。因此,我觉得与其用军规惩罚不参加礼拜的人,还不如采用这种方法更为妥当。

我刚刚完成这些事务,在堡垒里备好足够的供给,就收到了总督的来信。总督告诉我,他已经召集了议会,如果边界的形势不再需要我留下的话,希望我能够出席会议。议会的朋友也给我写了信,极力劝说我尽可能地参加会议。我计划建立的三座堡垒现在都已完工,居民们在堡垒的保护下，也安心地留在了自家的农场里。于是，我决定回去。我能够放心地回去，还因为一个人——克拉珀姆上校。他来自新英格兰，参加过印第安人战争。他前来参观我们的设施，后来同意担任军队的指挥官。我授予他一张委任状，检阅驻军时让人当众宣读，将他介绍给全体士兵，说他是颇有军事技能的军官，比我更适合统领他们。我给他们留下几句劝勉之后，就离开了。他们送了我很远，一直送到了伯利恒。我在那里休息了几天，用以缓解这段时间的疲劳。在伯利恒的第一天晚上，我躺在舒适的床上，几乎无法入眠。这与在吉内登哈特的小屋里，裹着一两条毯子，睡在硬邦邦的地板上，简直不可同日而语。

我在伯利恒的时候，稍稍打听了一点摩拉维亚教徒的风俗习惯。有几个教徒陪伴着我，所有教徒对我都很友善。我发现他们集体干活，集体享有收成，共同进餐，许多人一起睡在公共宿舍里。我在公共宿舍里发现，天花板下方的四周墙上，隔一段距离留有一个小孔，我猜想，这么做是为了空气流通。真是巧妙的设计！我去了他们的教堂，在那里听到了小提琴、双簧管、长笛、单簧管伴着风琴奏出的美妙音乐。我还了解到，他们的布道习惯与我们通常的做法不同，他们一般不把男女老少的会众混合在一起布道。他们有时候聚合已婚男人布道，有时候聚合已婚妇女布道，有时候聚合未婚男青年布道，有时候聚合未婚女青年布道，还有的时候则把孩子们聚在一起布道。我听的是对孩子们的布道。孩子们走了进来，一排排地坐在长凳上。男孩们由一个年轻男子带队，女孩们则由一个年轻女子带队。布道的内容似乎很适合孩子们。布道者声音愉悦，语气亲切，劝导孩子们要听话。孩子们有着很好的纪律，不过看起来脸色苍白，似乎健康欠佳。我猜想，他们被关在屋子里太久了，或是没有进行足够的锻炼。

　　我打听摩拉维亚人的婚姻风俗，想弄清楚他们是否真像传闻中说的那样，以抽签的方式决定结婚对象。他们告诉我，只有在特殊情况下，才会用到抽签的方法。通常年轻男子打算结婚的时候，就去告诉男性长辈，男性长辈去找掌管年轻女孩的女性长辈商量。由于男女长辈非常了解各自所带的年轻人的脾气性情，所以他们最能判断怎样搭配才最为合适，通常他们的决定都会得到男女双方的默许。不过，比方说，如果发现有两三个年轻女孩同样适合一个年轻男孩，那么就会借助抽签的方法来决定。我反驳道，如果婚姻不是出于双方的自愿选择，那么有些婚姻或许并不幸福。告诉我这件事的人答道："即使男女双方自愿选择，也有不幸福的婚姻。"关于这一点，我的确无法否认。

我回到费城后发现民兵联盟运行得非常顺利。除了贵格会教徒之外，其余居民大都加入了进来。他们组成了许多连队，还根据一项新法律，选出了自己的上尉、中尉和少尉。邦德医生前来拜访我，说他费尽了千辛万苦，才让这项法律受到普遍的欢迎，并把成就归功于自己。我此前却虚荣地认为，这一切都应归功于我的那篇对话。不过我觉得，他说的也不无道理，就让他自鸣得意去吧。我觉得遇到这种情况，这种做法往往最好。军官们开会选我做军团的上校，我接受了这个职位。我忘了我们共有多少个连队，不过我们阅兵时约有一千二百名威武的战士，还有一个配有六门黄铜野战炮的炮兵连。炮兵们操作熟练，一分钟之内就能发十二枚炮弹。我第一次检阅军团时，他们护送我到了家门口，还发了几炮向我致敬，把我用来做电实验的装置上的玻璃都震碎了。事实证明，我的荣誉也同样脆弱，不久之后，英格兰就废除了那项法律，也就撤销了对我们的任命。

我担任上校的短暂任期内，有一次准备动身去弗吉尼亚，团里的军官们突发奇想，认为应该把我护送到城外的下渡口。我刚骑上马，他们三四十个身穿军装的将士,就骑马来到了我家门口。我先前不知道他们已经拟定了这个计划,不然早就阻止了他们,我天生不喜欢在任何场合显摆。我对他们的出现很是懊恼,但此时又不可能不让他们护送。更糟糕的是,我们刚刚动身,他们就拔刀出鞘,一路举刀骑马前行。有人写信把这件事告诉了领主,领主知道后大为不悦,因为他在本地区时从未受过如此礼遇,他的那些总督们也从未享受过这样的待遇。他说,只有英国王室才配得上此等礼遇。或许如此,亦未可知。我过去不清楚,现在依然不清楚这种场合应该遵循什么礼节。

这件愚蠢的事情,极大地加深了领主对我的敌意。在此之前,由于我在议会中关于免征他的财产税一事的言行,他就已经对我相当不满了,因为我总是坚决反对免征他的财产税,而且还曾严厉地指责他要求免税的行为卑鄙不公。他向内阁控告我,说我利用在议会中的影响,阻挠制定合理的筹款法案,严重妨碍了国王的防务工作。他引用军官们护送我的事情,用以证明我意欲通过武力从他手中接管本地区。他还要求英国邮政总局局长埃弗拉德·法肯纳爵士罢免我的职务。不过,他的这一要求没有产生什么效果,埃弗拉德爵士只是委婉地劝告了一番。

总督与议会一直争论不休。我作为议会成员，在很大程度上也参与了争论。尽管如此，我和总督这位绅士却一直保持着友好往来，从未产生私人嫌隙。我有时候会想，他明知道我起草了对他的咨文的回复，却很少憎恨或根本不憎恨我，这或许是源于他的职业习惯。他是律师出身，或许仅把我们看作是一场诉讼中双方当事人的辩护律师，他代表领主，我代表议会。因此，他有时候遇到难题，也会友好地找我商量，有时（尽管并非经常）还采纳了我的建议。

我们同心协力为布拉多克将军的军队供应给养。当将军败北这一令人震惊的消息传来时，总督急忙派人来找我，共同商量制定防止偏远县郡遭遗弃的措施。我现在忘了自己当时给了什么建议。不过我猜想，我的建议是给邓巴将军写信，尽可能地说服他暂时把军队驻扎在边界，以便保护居民，等到各殖民地的援军抵达之后，他或许就能够继续远征。在我从边界回来之后，总督想让我带着本地区的军队进行远征，去收复杜魁斯要塞。当时，邓巴的军队忙于其他事务。总督提议任命我为将军，他宣称我具有军事才能，但我却没有那么看好自己的军事能力，觉得他对我的评价高于他的真实看法。不过他或许认为，我较受人们欢迎，更容易招募到士兵，而且我在议会较有影响力，或许不向领主的财产征税就能得到拨款作为军饷。他见我不像他所期待的那么积极，就搁下了这件事情。不久之后，他便离职了，继任者是丹尼上尉。

在叙述我在新总督任职期间参与的公共事务之前，不妨先讲讲我在科学领域逐渐高涨的声誉。

1746年，我在波士顿遇到了斯宾塞博士。他刚从苏格兰过来不久，向我展示了一些与电相关的实验。他对电学不是特别精通，这些实验做得还没有臻于完美。不过由于这一学科对我来说十分新鲜，所以我还是感到又惊奇又兴奋。我回到费城后不久，我们的图书馆就收到了伦敦皇家协会会员彼得·柯林森先生寄来的礼物——一根玻璃管，附有用该玻璃管做此类实验的说明书。我追切抓住这个机会，重复我在波士顿看到的实验。通过多次演练，我做起从英格兰寄来的说明书上的实验就游刃有余了，而且还增加了许多新的实验。我之所以说"多次演练"，是因为有段时间我家总是挤满了来看这些新奇现象的人。

为了让朋友们稍微分担一些压力，我让玻璃作坊吹制一些类似的玻璃管。这样一来，他们自己也有了玻璃管。最后，我们有了好几个会做实验的人。其中，聪明机敏的金纳斯里先生是主要的一位。他是我的邻居,当时赋闲在家。我鼓动他演示这些实验赚钱,还为他起草了两篇讲稿,按照一定的先后顺序安排实验,并以一定的方法解释说明。如此一来,观看者了解了前面的内容,有助于理解后面的内容。他为此还弄来了一套精制的设备。凡是我先前为自己制作的做工粗糙的小仪器,他现在都让仪器制造商精制了一份。很多人都来听他演讲,听后感到非常满意。过了一段时间,他周游了所有殖民地,在每一个殖民地的首府演示,赚到了一些钱。不过在西印度群岛,空气中的水分比较重,演示这些实验比较困难。

我们很感激柯林森先生寄来玻璃管等物件作为礼物,我认为应该告诉他我们用玻璃管做实验所取得的成就。于是,我给他写了几封信,信中介绍了我们的实验。他在伦敦皇家协会朗读了这些信件,起初大家认为这些信件不值得重视,没有把它们刊印在会刊上。我给柯林森先生写过一封关于闪电与电的相似性的信件。我把这封信寄给了我的朋友米切尔博士,他也是该协会的成员之一,他回信告诉我说这封信在会上宣读了,遭到了行家们的嘲笑。不过福瑟吉尔博士看到信件时,认为它们具有重要的价值,觉得不应任其埋没,建议刊印出来。柯林森先生将它们交给凯悟,让他刊登在他的《绅士杂志》上。但是,凯悟决定单独印成小册子发表,福瑟吉尔博士为这本小册子写了前言。看来凯悟的生意算盘打对了,加上我后来陆续寄去的文章,小册子增印成了一个四开本的合集,现在已经印刷了五版,他却没缴一分钱版税。

这些文章在一段时期内并未在英格兰受到广泛的关注。这些信件的一份抄本,偶然落到了布丰伯爵手中。他是一位具有真才实学的科学家,在法国享有盛誉,事实上在全欧洲都名声斐然。他说服达利巴尔先生将它们译成法语,在巴黎出版。这些文章出版后,惹恼了王室科学教师诺伦特神父。他是一个能力出色的实验者,已经形成并发表了一套电学理论,其理论当时颇受大众欢迎。他起初不相信这本著作来自美洲,说肯定是他在巴黎的对手伪造的,目的是抨击他的理论。后来,他弄清楚了,尽管他曾怀疑过,但是在费城的确有这么一个叫作富兰克林的人。于是他撰写并发表了大量信件,主要是写给我的,为他的理论辩护,否定我做的实验以及由此推断出的论点的可靠性。

我一度想要反驳这位神父,事实上我已经开始回信了。不过我考虑到我的文章包含了对这些实验的介绍,任何人都可以重复这些实验来证实,如果得不到实验证实,那么空辩也无用处。再者,实验结果是作为猜想发表的,而非专横武断的结论,我没有义务为之辩护。我又考虑到,两人用不同的语言写文章辩论,可能会由于误译而误解对方的意思,这样一来辩论过程就会大大延长。神父手中有封信,其中很大一部分内容,就是以翻译中的一个错误为基础而阐述的。我最后决定还是让我的那些论文自己证明吧。我认为在公共事务之余,与其为做过的实验争论不休,还不如做一些新的实验。因此,我从未回复过诺伦特先生,我也无需为自己在此事上的沉默感到悔恨,因为我的朋友——皇家科学院的勒罗伊先生替我反驳了他。我的书被译成了意大利语、德语和拉丁语,其中的理论逐渐被欧洲科学家们广泛采纳,那位神父的理论则逐渐受到人们的冷落。他眼见自己成了本派除了B先生之外的最后一人——巴黎的B先生是他的学生和亲传弟子。

我的书之所以突然之间名声大噪,是因为达利巴尔和德洛尔两位先生,他们在马尔利成功做成了书中介绍的将闪电从云层引至地面的实验。这件事引起了各地公众的普遍关注。德洛尔先生拥有实验设备,讲授实验科学,着手重复他所谓的"费城实验"。他给国王和王室成员展示过后，所有好奇的巴黎人都蜂拥而至前来观看。不久之后，我在费城用风筝做了一个类似的实验，实验取得了成功，我从中获得了无限的乐趣。我不想赘述他们那个重要的实验以及我在费城所做的实验，两者都能从电学史中找到。

英国物理学家赖特博士当时在巴黎，他给英国皇家学会的一位朋友写信，说我的实验在国外受到学术界的高度重视，还说外国学者们很好奇，为什么我的文章在英格兰没有得到太多关注。有鉴于此，皇家学会重新考虑那些曾经给他们宣读过的信件。著名的沃森博士把这些信件以及我后来寄往英格兰的所有的同主题的文章，综合成了一篇概述，还加上了一些对作者的赞美之词。这份综述后来刊登在他们的会刊上。伦敦的一些学会会员，尤其是富有才华的坎顿先生，验证了用一根尖杆从云层中引出闪电的实验，并且把实验成功的消息告知学会会员。很快，他们便不再像以前那样轻视我了，而是彻底转变了对我的态度。未经我提交申请，他们就主动选我为学会会员，并且投票免除我的二十五基尼惯例会员费，此后还免费给我发放会刊。同时，他们还授予我1753年度的戈弗雷·科普利爵士金质奖章，颁奖仪式上学会会长麦克莱斯菲尔德勋爵发表了精彩的演讲，高度赞扬了我。

我们的新总督丹尼上尉帮我从皇家学会捎来了那枚奖章，并在本市为他举办的接风宴上将奖章授予给我。他还非常礼貌地表达了对我的敬仰，说他早就了解我的为人。餐后，大家按照当时的习俗饮酒时，他把我带到另一房间，告诉我他在英格兰的朋友们建议他与我交朋友，说我能给他提供最好的建议，还能卓有成效地帮他顺利执政。因此，他极想与我保持一致意见，请我放心，他愿意随时为我做力所能及之事。他还提到了领主对宾夕法尼亚的善意。他说如果领主的举措不再像过去那样长期遭到反对的话，领主和人民就能恢复和谐的关系，这对我们所有人都有好处，尤其是对我。为了实现这个目标，他认为我比任何人都能发挥作用，而且我还可以得到丰厚的酬谢，等等。那些喝酒的人发现我们没有立即回到桌上，就给我们送来了一瓶马得拉酒。总督开怀畅饮，随着酒越喝越多，恳求和允诺也越来越多。

我的回答大意如下：感谢上帝，我的境况尚可，尚不需要领主的奖赏，而且我作为议会成员，也不可能接受领主的任何奖赏；再者，我与领主没有私仇，只要他提出的公共政策对人民有益，我就会比任何人都更加积极地支持和推进这些政策；我过去之所以持反对意见，是因为领主所主张的那些政策显然仅对自己有益，却严重损害了人民的利益；我非常感激总督言语之中对我的重视，请他大可放心，我愿竭尽所能帮他顺利执政，同时也希望他没有带来那些令人遗憾的指令，因为他的前任曾经受到那些指令的束缚。

对此，他当时没有为自己辩解，不过后来他与议会共事时，领主的指示再次出现，于是纷争又起。我还是一如既往，强烈地进行反对。我作为议会的执笔人，首先起草了请总督传达领主指示的文件，后来又起草了议会对这些指示的评论意见。这些资料可以从当时投票通过的决议和我后来出版的《历史评论》中找到。不过我们私下并无敌意，还经常聚在一起。他是个文人，阅历丰富，谈吐风趣，令人愉悦。他告诉我，我的老朋友詹姆斯·拉尔夫依然活着，而且还被认为是英格兰最优秀的政论家之一。拉尔夫曾经受雇参与了弗雷德里克亲王与国王的辩论，拿过三百英镑一年的津贴。作为诗人，他的名声的确不大，蒲伯曾在《愚人记》中严厉批评过他的诗歌，不过，他的散文却不在任何人之下。

最终议会发现领主还是顽固不化，坚持用诸多指令束缚他们的代理人。这些指令不仅违背了人民的权益，而且也妨碍了向王室效忠。议会决定向国王请愿，以驳回领主的那些指令。他们指定我为代理人,前往英格兰呈递请愿书并争取支持。议会此前曾向总督提出过一项议案,拨发总额六万英镑的国王费用,其中一万英镑归时任将军劳顿勋爵支配。总督依照领主的指示,坚定地否决了这项议案。

我已经跟纽约邮轮的莫里斯船长约好,准备搭他的船前往,食品行李都已搬到了船上。这时,劳顿勋爵赶到了费城。据他说,他是专门来促成总督和议会达成和解的,不要因为双方的分歧而妨碍了英王的军务。他要我和总督去见他,以便听取双方的说法。我们见面之后商讨了这件事情。我代表议会,力陈当时官方文件里可以找到的所有论据。这些官方文件是我撰写的,和议会的会议记录一起刊印。总督则为那些指令辩护,说他已经保证遵守指令,如若违反那就是自毁前程。不过如果劳顿勋爵要求的话,他也并非不愿意冒险。但是勋爵却没有这么做,尽管我曾经以为我就要说服他了,事实恰恰相反,他最终选择让议会顺从总督的意见,还恳请我为实现这个目标去努力。他说,如若我们不继续供养军队,他就无法分出国王的军队保卫我们的边疆,那时我们的边疆便会暴露在敌人面前。

我向议会报告了谈话的内容,并提交了一套由我起草的决议案,声明我们的权利,解释我们并不是放弃这些权利,只是被迫暂缓主张这些权利,并对我们遭到威逼表示抗议。议会最终同意放弃那项议案,起草一份更加符合领主旨意的议案。总督自然通过了这项新议案。此时,我终于可以开始远航了。不过在此期间,邮船已经带着我的海上供应品离开了。这对我来说是一笔损失,唯一的补偿就是勋爵感谢我帮忙的几句话语,但是达到和解的所有功劳却都是他的。

勋爵比我先动身去纽约。邮船出发的时间由他决定。当时纽约还有两艘邮船,他说其中一艘很快就要起航了,我请他告诉我具体的出发时间,以免我有什么延误而错过了船期。他回答说:"我已经对外公布这艘船的起航时间是下周六,不过我可以私下告诉你,如果你在周一清晨前到达那里,还来得及上船,但是不能再迟了。"不料我在渡口有事耽搁了,到达时已是周一中午。当时正是顺风天气,我担心船已经开走了,但我很快就松了一口气,因为我得知船还停在港口,得到第二天才会出发。人们以为我这就要出发去欧洲了,实际上我也是这么以为的。不过我那时还不怎么了解勋爵的性格,更不知道优柔寡断是他最大的性格特征,下面,我将举几个例子加以证明。我大约是 4 月初到达纽约,直到将近 6 月底才得以乘船出发。当时有两艘邮船长期停在港内，因为勋爵的信件一直耽搁，他总是说信第二天就写好。后来又有一艘邮船到了，也被耽搁在港里。在我们出发之前，第四艘邮船眼看就要来了。因为我们那艘停泊的时间最长，所以最先出发了。所有的舱位都订完了，有些乘客急不可耐地要走，商人们担心他们的信件，以及投过保险（当时是战争时期）的秋季货物订单。但是他们再怎么焦虑也毫无用处，因为勋爵的信件还没写好呢。每个拜访勋爵的人都会发现，勋爵总是拿着笔坐在书桌前，由此断定他肯定要写大量的信件。

有一天早晨，我前去拜访，在他的接待室里见到了一个从费城来的叫做英尼斯的信使，他是特地赶来把丹尼总督的一个包裹交给将军的。他交给我几封费城朋友们的来信，我问他准备什么时候返回，临时住在哪里，以便让他帮我捎几封信。他告诉我说，将军让他明早九点来取给总督的回信，之后就立即出发。我当天就把信交到了他的手中。两星期后我又在同一地点见到了他："英尼斯，你这么快就回来啦？""回来？不，我还没走呢。""怎么会这样？""过去的两个星期，我每天早上都遵命前来取勋爵的信件，可是到现在还没写好。""怎么会呢？他可是写作能手，我经常看见他坐在写字台

221

前。""是的,"英尼斯说,"不过他就像旗帜上的圣乔治一样,总是骑在马背上,却从不往前走。"信使的这番评论,似乎颇有根据。我在英格兰的时候,获悉皮特先生罢免了这位将军,派阿默斯特和沃尔夫两位将军接任,罢免的理由之一便是大臣从来都收不到他的来信,根本没法知道他在做什么。

乘客们就这样天天盼着起航,三艘邮船后来都驶往了桑迪胡克,以便与那里的舰队汇合。乘客们觉得最好待在船上,以免船只突然接到起航的命令,自己会被落下。如果我没记错的话,我们在那里待了大约六周,消耗完了所有的航海储存,不得不再去添购。最后舰队终于出发了,将军和他所有的将士乘船前往路易斯堡,打算围攻并拿下那个要塞。所有邮船奉命一起前往,追随在将军的船只左右,准备等他一写好信件就接过来。我们的邮船跟了五天,终于拿到了一封信,获准离开舰队向英格兰行驶。他仍然留着另外两艘邮船,带它们一起去了哈利法克斯。他在那里待了一段时间,训练将士们演练对假想堡垒的模拟攻击。尔后,他又改变了想法,放弃围攻路易斯堡,带着所有的士兵、那两艘邮船以及所有乘客回到了纽约。他离开的那段时间,法国人和印第安人攻下了该殖民地边界的乔治堡,印第安人还屠杀了许多已经投降的士兵。

后来我在伦敦见到了邦内尔船长,他负责指挥其中一艘邮船。他告诉我,他的船被耽搁一个月的时候,他曾向勋爵报告,船底长满了藻类等物,这些东西必然阻碍邮船快速航行。这对邮轮来说,是个严重的问题。他请勋爵给他一些时间,将船只侧翻过来,将底部清除干净。勋爵问他需要多久,他回答说三天。将军答道:"如果你一天能够清理干净,我就应允,否则,不行,因为你后天必须起航。"就这样,他没有获得批准,尽管后来又延误了整整三个月。

我在伦敦还见到了邦内尔的一个乘客。由于劳登勋爵欺骗了他,让他在纽约滞留了那么久,然后把他带往哈利法克斯,之后又把他带回纽约,他极其气愤,发誓要提起诉讼,为自己的损失索取赔偿。究竟他后来是否提起了诉讼,我不知道。不过,据他说,这让他的事业遭受了重创。

总而言之,我百思不得其解,为何这样一个人竟然被委以统帅大军的重任。不过,后来我阅历渐深,见识了捞取地位的卑劣手段,以及出售官位的诸种动机,也就不再感到奇怪了。布拉多克去世后,军权移交给了谢利将军。在我看来,如果谢利将军继续任职,其战绩必然胜过劳登 1757 年的军事行动。劳登的军事行动轻率妄为、铺张浪费，使我们的国家蒙受了难以想象的耻辱。尽管谢利不是士兵出身，但他本人通晓事理，睿智聪慧，善于听取忠告，能够制定深谋远虑的计划，还能积极迅捷地付诸行动。劳登非但没有率领大军保卫殖民地，反而还在哈里法克斯无所事事地招摇游荡，将殖民地暴露在敌人的枪口之下，结果白白丢掉了乔治堡。此外，他还长期禁止粮食出口，借口以此切断敌人的给养，实则压低粮食价格让承包商从中谋利，据说（或许只是怀疑）他也从中分得了一杯羹。这种行为扰乱了我们的商业运作，让我们的贸易陷入了困境。最后封港令终于解除了，人们却又忘了通知查尔斯城，导致卡罗莱纳舰队在附近又多耽搁了三个月，结果船底由于虫蛀造成了严重损坏，以致大量船只在回程途中葬身海底。

对于不熟悉军事业务的人来说，统帅大军必定是沉重的负担，因此我相信谢利先生从中解脱出来，他自己肯定是由衷地感到高兴。我参加了劳登勋爵上任时纽约市为其举办的宴会。谢利那时虽已卸任，但还是出席了宴会。当时有许多官员、市民以及外地人参加，有些椅子是从邻里借来的，其中有把椅子非常低矮，谢利先生恰巧坐到了上面。我坐在谢利先生旁边，察觉到这一点后说:"先生,他们给你的位子太低了。""没关系,"他说,"富兰克林先生,我发现身处低位最为舒适。"

我逗留在纽约期间,收到了为布拉多克采购粮食的所有账单,其中有些账单,我先前来不及从协办此事的雇员手中拿来。我把这些账单交给劳登勋爵,请他支付余款。他让负责此事的官员按照规定加以核查。官员对比了每一笔款项和收据,确认这些账单准确无误。劳登勋爵答应给我一张向军需官领取余款的汇票,但是他却一再拖延,尽管我经常按照约定前去讨要,却一直没有拿到汇票。最后,在我离开之前,他告诉我,经过谨慎考虑,他最终决定不把自己的账目与前任的混在一起。他说:"你到了英格兰,只要把账单呈给财政部,他们就会立即把余款支付给你。"

我提到我被迫长期滞留在纽约,衍生了大量意料之外的花费,所以现在就想拿到余款,然而,这番解释毫无效果。我接着说,我本是无偿为军队采购供给,现在还拖欠我垫付的款项,如果给我再添麻烦,这就说不过去了。"噢,先生,"他说,"你该不会想让我们相信你没有从中捞取好处吧?我们比你更了解那些事情,知道每个为军队采购给养的人,都想方设法中饱私囊。"我向他保证,我没有这么做,没往自己的口袋里装过一分钱，但是他显然不相信。我后来的确了解到，有些人常从这类差事中大发横财。至于欠我的余款，我至今也没拿到。我还将在后文讲到此事。

在我们起航之前，船长吹嘘说他的船速度非常快。不幸的是，等我们到了海上，却发现这艘船竟然是九十六艘帆船中最慢的，这让船长很没面子。大家纷纷猜测船跑得慢的原因。后来，附近一艘几乎和我们一样慢的船，竟然也超到了我们的前面，这时候，船长似乎想起了什么，下令让所有人去船尾，尽可能地站在船尾旗杆的附近。我们，包括乘客在内，大约四十人，站在了那里，果然，船加快了航行速度，很快就把相邻的那条船远远地甩在了后面。这就明明白白地证明了船长的猜测：船头的负荷太重了。似乎所有的桶装水都放在了船头，于是，船长下令把这些桶装水移到船尾。之后我们的船就恢复了本色，在舰队中一直遥遥领先。

船长说这只船的速度曾经达到十三节，亦即十三英里每小时。我们船上有个乘客肯尼迪是海军的船长，他辩驳说这不可能，没有船能行驶那么快，肯定是测程仪绳的分度有误，或是测速过程中出了差错。接着两个船长打了个赌，等风力足够的时候再行定夺。肯尼迪立即严格检查了测程仪绳，检查合格之后决定到时由自己把它投入水中进行测量。几天之后风刮得又顺又大，邮船船长勒特威奇说他相信船速现在达到了十三节，肯尼迪进行了测量，结果输掉了赌注。

我提到上面的事情，是为了说明下述观点：据说造船技术有个缺陷，那就是新船好不好，只有试航之后才知道。有时以好船为模型，严格仿其建造新船，但新船反而迟缓异常。我认为部分原因或许是：海员们在装载货物、配备船具及驾驶方法方面观点迥异，每个人都有自己的一套方法，同一艘船，按照不同船长的判断和命令来装货，航行速度也会有快有慢；此外，建造船只、装配船具、驾船出航的很少是同一个人。一人建造船体，一人配备船具，另一人装载货物、驾船航行，他们当中没有一个人能够了解其他人的所有想法和经验，也就无法全面综合，得出审慎明智的结论。

即使是在海上进行简单的驾驶操作，也是如此。我经常注意到，尽管风还是同样的风，但接替轮值的官员们做出的判断却不相同。船帆转动的角度或大或小，似乎没有一定的规律可循，但是，我认为不妨做一套实验，然后加以总结。首先，确定最适合快速航行的船体形状；其次，确定桅杆的最佳尺寸和最适宜的安装位置；再次，确定船帆的形状和数量，以及在不同风向下的位置；最后，确定货物的安置。这是一个实验的年代，我认为准确无误地做一套综合实验大有裨益。我相信过不了多久，就会有一个富有才气的科学家着手此事，在这里愿他成功。

我们的邮船在航行途中好几次遭到追逐，不过每一次都比那些船驶得快。三十天后，我们开始测量水的深度。经过仔细观察，船长判断我们已经临近法尔茅斯，如果夜晚全速行驶的话，或许第二天早晨就能驶过它的入口，而且夜晚行驶还能避开敌人武装民船的搜查，它们经常在该港的入口处附近巡弋。于是，所有的帆都拉了起来，风又大又顺，我们顺风而行，快速前进。船长观测后调整了航行路线，认为这样可以避开锡利群岛。然而，圣乔治海峡有时似乎会涌起一股强劲的向岸流，这会误导海员，曾经导致克劳迪斯里·肖维尔爵士的舰队葬身海底，很可能就是这股向岸流导致了我们接下来的遭遇。

我们在船头安排了一名岗哨，不时有人朝他喊："仔细注意前方。"他总是回答："明白！明白！"不过那时他的眼睛可能已经闭上了，处于半睡半醒的状态，因此他没有看见我们正前方亮着灯光。据说，这些岗哨有时只是机械地作答。正前方的灯光被副帆遮住了，所以掌舵者和其他岗哨都看不见。偶然间船身偏离了航道，人们这才突然发现了灯光，随即引起了一阵巨大的恐慌。我们那时距离灯光已经很近了，我觉得它看起来大如车轮。当时正值午夜，我们的船长正在酣睡。肯尼迪船长见状马上跳上了甲板，意识到当前面临的危险，眼看来不及收帆，就立即下令调转船头。这么做很可能会损坏桅杆，却让我们脱离了危险，免遭海难，因为我们当时正向着建立灯塔的岩石驶去。这次死里逃生的经历，让我深刻意识到了灯塔的用途。我下定决心只要能活着回去，就一定要鼓励在美洲建立更多的灯塔。

第二天清晨，我们通过测量水深等手段发现，我们已经靠近港口了。不过当时浓雾弥漫，我们看不到陆地。约莫到了九点钟，雾气开始升腾，就像戏院里的幕布那样，从水面上提了起来，露出了下面的法尔茅斯镇、港口里的船舶以及周围的田野。这对长期只见一片汪洋的人来说，真是一幅赏心悦目的景象！更让我们欣喜的是，我们终于摆脱了交战状态所带来的焦虑情绪。

我和儿子立即出发前往伦敦，我们仅在途中稍作停留，在索尔斯堡平原参观了巨石阵，在威尔顿参观了彭布罗克勋爵的住所、花园以及他那些非常珍奇的古董。1757年7月27日，我们抵达伦敦。

第四部分

查尔斯先生为我提供了住处。我刚安置下来,就去拜访福瑟吉尔博士。有人向他大力举荐我,人们也建议我就诉讼问题向他征询意见。他反对立即向政府控诉,认为应该先跟领主们商量,经一些私人朋友的介入和劝说,领主们或许愿意友好调解。于是我拜访了经常书信往来的老朋友彼得·柯林森先生。柯林森先生告诉我,弗吉尼亚大商人约翰·汉伯里先生请求我到达后立刻通知他,然后带我去见格兰维尔勋爵。格兰维尔勋爵时任议会议长,希望能够尽快与我会面。我同意第二天清晨和汉伯里先生同去。第二天,汉伯里先生来接我,我们坐他的马车去见那位贵族。格兰维尔勋爵极其礼貌地接待了我，询问了几个关于美洲现状的问题，就其谈论一番之后，对我说道："你们美洲人对你们政治体制的本质有一些错误的认识。你们声称国王下达给总督们的指令不是法律，认为你们自己可以自行决定是否遵守这些指令，但这些指令不同于给出国公使下达的微小指令，那些微小指令关注的仅是自己的仪节一类的小事。这些指令却是首先由深谙法律知识的法官起草，然后交由议会进行审议、辩论，或许还要进行修改，最后再由国王签署通过。此时这些指令对你们而言就是国法，因为国王是殖民地的立法者。"我告诉勋爵，这种观点我倒是闻所未闻。根据我们的特许状，我一直认为，我们的法律由我们的议会制定，呈交给国王请其批准，国王一旦批准，就无权废止或修改。正如议会没有国王的批准不得制定永久性法律一样，国王未经议会的同意也不得为其制定永久性法律。他郑重地告诉我，我大错特错了，然而我却不这么认为。与勋爵的这番谈话，让我有些担心英王政府对我们的看法，所以我一回到住处，就把它们写了下来。我想起来，大约在二十年前，内阁曾经提议将国王的指示确定为殖民地的法律，当时英国议会驳回了该法案中的这一条款，我们由此把他们尊为我们的朋友，自由的朋友。直到1765年，他们对我们的所作所为才让我们意识到，他们之所以拒绝将这份权利授予国王，仅仅是因为他们想自己保留这份权利。

几天之后，经福瑟吉尔博士和领主们疏通，他们同意在春园的托马斯·宾的房子里与我见面。交谈之初，双方都声明要进行合理的调解。不过，我猜想各方对"合理的"各有各的看法。接着我们就开始讨论我们投诉的几个要点，这些要点由我列举。领主们尽可能地为自己的行为辩解，我也为议会的行为做出解释。这时候才显现出来，双方的观点存在巨大的分歧，达成和解的希望非常渺茫。不过最后还是商定，我给他们提交一份说明我们投诉要点的书面文件，他们答应到时再行考虑。我很快就完成了，但是他们却把那份文件交到了他们的律师费迪南德·约翰·帕里斯手中。此人为他们打理与邻近的马里兰殖民地的领主巴尔的摩勋爵的诉讼案中的一切法律事务，这个大案子延续了七十年之久，他还为他们书写与议会争论的所有文件和咨文。他生性自大，脾气暴躁，写的文章论证无力、措辞傲慢，我此前偶有在议会的答复中稍加严厉地抨击过他的文章，他对我怀有深深的仇恨，这一点我们每次见面都能感觉得出来。我谢绝了领主让他和我两人单独商讨投诉要点的建议，拒绝与领主之外的任何人交涉此事。之后，领主们根据帕里斯的建议，将我们的投诉文件交给了检察长和副检察长，咨询他们对此事的看法及建议。这些文件在那儿一搁，差八天就满一年，他们一直没有给出回复。这段时间我多次要求领主们给我答复，他们却只是说还没有收到检察长及副检察长的意见。事实上，他们何时收到了答复，我一直都不清楚。他们并未与我沟通此事，只是给议会寄去了一篇帕里斯起草签署的冗长的咨文，其中引用了我写的材料，控诉我写的材料不合规矩，还说这反映了我的粗鲁无礼，并为他们的行为做了一番缺乏力度的辩解，又说如果议会派出某个正直之士与他们商讨此事，他们愿意进行和解，以此暗示我并非正直之士。

所谓的不合规矩或是粗鲁无礼，可能是指我在文件中没有以"宾夕法尼亚真正绝对的领主们"这样冠冕堂皇的名号称呼他们。我之所以没有这么称呼，是因为我觉得没有必要，毕竟这份文件的目的，只是将我在谈话中口头说过的内容写成确定的书面形式。

不过在被耽搁的这段时间里，议会已经说服丹尼总督通过一项对领主的财产和平民的财产均征税的法案。这是争论中的一大要点，议会因此也就没有回复那份咨文。

不过这份法案送到英国时，领主们在帕里斯的建议下，决心反对国王批准该法案。于是，他们在枢密院向国王请愿。枢密院择期进行审理，领主们聘请了两位律师反对该法案，我也聘请了两位律师支持该法案。他们辩称这项法案意在加重领主们的田产负担，从而减轻百姓们的田产负担，如果强制继续实行该法案的话，领主们就只好任凭反感他们的那些人划定交税比重，届时领主们必然会因此而破产。我们反驳说，制定这项法案并没有这样的意图，更不会造成这样的结果。估税员都是诚实审慎的人，他们发誓并承诺会公平公正地估税。即使向领主增征税款，每个平民因此少纳的税也很少，平民们不至于为了这点微薄的好处而违背自己的誓言。这就是我所记得的双方陈词的要旨。此外，我们还强调，该法案一旦废除将会导致严重的恶果。我们已经印发了十万英镑，英王军队已经花掉了这笔钱，这些纸币正在人民的手中流通，法案一旦废除，这些纸币就会变成废纸，许多人都会因此破产，这还会彻底打击将来拨款的积极性。我们义正辞严地断言，领主们的自私自利将会导致这样一场大灾难，而其原因仅仅是因为他们毫无根据地担心自己的财产会被征收过高的税款。听到这里，枢密院的一位大臣曼斯菲尔德勋爵趁律师们辩论时站了起来，朝我点头示意，把我带进了秘书室，问我是否真的认为执行这一法案不会损害领主的田产，我说，肯定不会。"那么，"他说，"你应该不反对签订协议确保这一点吧？"我回答道："完全不反对。"他又把帕里斯叫了进来。经过一番交谈之后，双方都接受了勋爵的提议。枢密院的秘书为此起草了一份协议。我和查尔斯先生签订了这份协议，他也是宾夕法尼亚地区的日常事务代理。之后曼斯菲尔德勋爵回到了枢密院会议室。最终该法案获得了通过，不过他们建议做一些修改，我们也保证在附随法中修改，但是议会觉得没有这个必要。在枢密院的命令抵达之前，本地区已按照该法案征收了一年的税款，议会此时指定了一个委员会检查估税员的工作，还在该委员会里安排了好几位领主的特殊朋友。在进行全面的检查之后，委员们签署了一项报告，一致确认经检查发现估税完全公正。

议会认为，我所签订的协议的第一部分对宾夕法尼亚做出了巨大贡献，它保证了当时本地区到处流通的纸币的信誉。在我回来之后，他们向我正式表达了感谢。不过领主们因为丹尼总督通过了这项法案而大发雷霆，不仅罢免了他的职位，还威胁要起诉他违背协议、违抗了本来答应遵守的指令。然而，丹尼总督是在将军的提议下通过法案的,又是为国王的军队服务的,再加上他在英国政府里拥有一定的势力,因此对这些威胁不以为意。这些威胁也从来没有变成现实。①

---

① 1790年4月17日,富兰克林逝世,享年八十四岁。自传介绍了富兰克林五十二岁之前的事迹,纪事终止于1758年。